北欧・英国 旅で見つけた パターンコレクション

小瀬千枝の
伝統ニット

小瀬千枝 著　林ことみ 編

旅して見つけた伝統ニット

　いろいろな国を旅し、そこで出会う伝統ニットを、もっとよく知りたい、もっと詳しく調べたい、そんな思いの私に、そこに携わる人々はきめ細やかな心遣いで私に寄り添い、古いニットを見せてくれたり、素材のことや編み方なども時間をかけて教えてくれました。物作りはどの国でも同じで、みんな暖かく素朴な人達で私を優しく迎えてくれました。

　ふと目を留めたとき、飛び込んで来る何気ない景色に、こんな美しい景色が他にあるかしら、と感動することがあります。赤い屋根の小さな家、人がやっと通れるほどの路地、歴史を物語る重厚な建物、こんもりと優しい木々、沢山の美しい湖、雄大で神聖なほどの厳しい自然。長く複雑な歴史と、美しいけれど厳しい自然環境の中でたくましく、大切なものを守りながら生きて来た人々。

　伝統のニットが今も海外からの観光客のお土産になってしまわずに、人々の生活着として大切にされていることにも感動してしまいます。それは山深い地方で、愛らしい民族衣装のニットが最近まで着られていることからもわかります。一人一人が自分の出身地に伝わる模様や刺繍を誇りにしながら、古き良きものと新しい文化をうまく調和させ、そこからまた新しいムーブメントを生み出してきたニットにはまだまだ計り知れない可能性があると思っています。

　最近、私はいつも慌ただしく生活し、便利さや、時間に追われるあまりにあちこちに捨てた大切なものが沢山あるように思われ、自分を見つめ直す旅が多くなりました。

　伝統に基づいてこの本を作るにあたり、再び新しい自分を見つめ直すことができました。関係資料の調査、その他について、林ことみさんに大変お世話になりました。

小瀬千枝

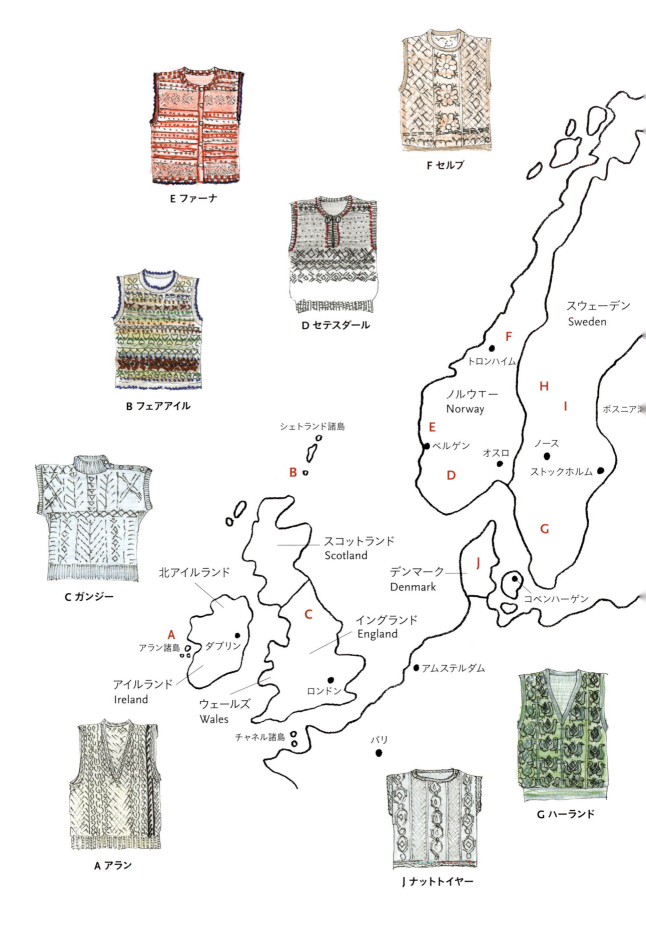

Contents

6 英国・アイルランドのニット

10 アラン A
18 フェアアイル B
22 ガンジー C

26 ノルウェーのニット

30 セテスダール D
34 ファーナ E
36 セルブ F

40 スウェーデンのニット

44 ハーランド G
48 ダーラナ H
52 ヘルシングランド I

54 デンマークのニット

56 ナットトイヤー J

60 フィンランドのニット

62 コルソナス K

67 How to Make

K コルソナス

I ヘルシングランド

H ダーラナ

H ダーラナ

英国・アイルランド
ENGLAND IRELAND

伝統ニットと聞いて先ず思い浮かぶ国は英国とアイルランドでしょうか。アランセーターはアイルランド共和国、フェアアイルはスコットランドのシェトランド諸島、ガンジーセーターは英国各地に見られ、それぞれに歴史があります。

アラン Aran

　生成り糸の縄編み模様が特徴の、アランセーターの名前の由来となったアラン諸島はアイルランドのゴルウェイ湾の入り口にあるイニシュモア、イニシュマン、イニシュイアの三つの島からなっています。このアラン諸島の名前を一躍有名にしたのは1934年の映画「マン・オブ・アラン」です。しかしこの映画の中で漁師が着ているのは私たちが知るアランセーターではありません（最もこの映画はドキュメンタリー風ではあるものの当時の生活の記録ではなく、ベースになったのが30年前のノンフィクションの映像化ということであったからかもしれませんが）。では今日アランセーターとして知られるセーターはいつ頃から編まれるようになったのでしょうか。

　ほぼ定説となっているのは、20世紀初頭、アメリカに出稼ぎに出た女性がヨーロッパからの移民の人たちから編み物を習い、その技術を持って再び島に帰り、当時島でも知られるようになっていたガンジーセーターをベースに、新しいテクニックを加えてセーターを編んだという話。アイルランドからアメリカへの出稼ぎや移住する人は多く、この女性もその一人でした。島の女性たちは集まって編み物をしていたそうで、この女性から新しいテクニックを見せてもらい、その中から色々な模様が生まれて今のようなセーターになって行ったというものです。色は紺色が主流でしたが、これらの編み地のセーターが広く知られるまでにはまだ時間がかかったように思われます。1937年に開催された「アイルランド・ルーラル・カルチャー展」で展示された3点のアランセーターがあります。男子用は紺色、女性用は茜色、子供用は白で、これが現存する最も古いアランセーターと言われています。1886年にロンドンで「アイルランド博」が開かれた際には出展リストには手編み靴下はあるものの、セーターはなかったということから当時はまだ特筆するべきセーターは編まれていなかったと考えられます。

　しかしもう一つロマンティックな歴史も語られていました。1936年にダブリンのショップで生成りのアランセーターを見つけた男性が独自の推理でこのセーターの歴史を辿ります。アラン諸島には5~6世紀頃に修道士たちの修行の場として修道院が建て

島のニッターさんから購入した子供用セーター。

イニシュモア島の海沿いの風景。

られました。800年ごろに修道士たちによって描かれた聖書の装飾写本である『ケルズの書』に生成りのアランセーターを着た人物が描かれているように見える、ということはアラン諸島では1000年以上にわたってセーターが編まれてきたに違いない、そして模様で宗教的な意味を伝えたのではないか。何より白は神聖な色で、これも彼に宗教的なイメージを喚起させたのかもしれません。そして彼はこの話と共にアランセーターを広く販売したということです。

アランセーターの模様には家紋の意味があったと言われたこともありましたが、この説は覆されています。しかし名前があり、それぞれに意味があるのは確かです。例えば縄編みは漁師の使うロープ、ダイヤ柄は漁網の網の目、ハニカムは働き蜂への感謝、モスステッチ（鹿の子編み）は島の苔、トレリスは石のフェンス、ジグザグ模様は崖の小道又は稲妻、命の樹又は羊歯は不死身を、ダブルジグザグは結婚生活のアップダウンを意味していると言われます。

アランセーターは他のガンジーセーターと違って前身頃と後ろ身頃を別々に編んではぎ合わせています。同じ模様の場合もあれば前後模様が違うセーターもあります。セーターの色については他の地域のガンジーセーターと同様に島では紺色のセーターで、生成りは男の子の堅信礼用に編まれはするものの成人男性は白は着ないとのこと。私たちが知る生成りのアランセーターは元々は商品として編まれたものだったのですね。しかし模様を浮き立たせるには一番即した色であり、この色で編んだからこそ、ここまで知られるようになり愛されているニットになったのではないでしょうか。

ガンジー　Gansey・Guernsey

　濃紺の編み地に裏編みのパターンが特徴的なセーターは一般的にガンジー（Gansey又はGuernsey）と呼ばれています。ガンジーという名前からイギリス海峡のフランスの西側に浮かぶチャネル諸島 （Channel Islands）の一つであるガンジー島（Guernsey Island）から生まれたのかと思いますが、これに関しては確かな証拠はないものの名前の由来となった可能性はあると考えられます。というのもチャネル諸島では上質の毛糸が作られ、各家庭でニット製品が作られて（Cottage knitting）盛んに取引きされていたことから名前の由来になったのかもしれません。つまり、海で働く男達が着ているセーターの総称がガンジーで、共通しているのは輪編みで、身頃脇にはシームステッチがあり、袖下にマチがあり、輪編みの衿がついているということのようです。ちなみにオランダの海に面した地域にもガンジーと呼ばれる同様なセーターがあります。

　この漁師達のセーター、ガンジーはイギリス各地で見ることができます。イングラ

イニシュマン島の風景。

ンド最南西部のコーンウォール、ここから少し北に位置するウェールズ、南東部のノーフォーク、北のスコットランドなど各地域の港町に残されています。パターンはそれぞれの地域で生まれましたが、他地域の女性と結婚すると女性が地元で編んでいたパターンが嫁いだ地域の柄に加えられるなどして少しずつはっきりとした違いがなくなってきているとも言われています。特にスコットランドでは家族でニシンを追って船を移動させ、行った先々の港で女性たちはニシンをさばき、また移動するという生活がありました。女性たちは仕事の合間には編み物をしていましたのでパターンの融合があったのは想像にかたくありませんし、出身地が違う人と結婚することもあったでしょう。模様にはそれぞれ名前がついていて、アランと同様にダイヤ柄、ケーブル、ジグザグ、ネット、ハニコムや市松模様、命の樹など、たくさんの幾何学模様が多い中、錨や旗、王冠のような具象的な形も見られます。

　セーターの形はほぼ四角で、農夫たちが着ていた労働着の丈の短いスモックを思わせます。作り目は丈夫で伸縮性が必要で、ガンジー島やジャージー島がある Channel Islands（チャネル諸島）と同じ名前の作り目 Channel Island Cast on（1本の針で作る）や、Knotted Cast on（2本の針で編んで作る）などで作られています。裾の部分はリブ編みかガーター編みが多く、Channel Island Cast on は主にガーター編みの裾に、ゴム編みには Knotted Cast on や Cable Cast on が使われました。身頃には脇にシーム（裏編み目）を入れて編みます。裾を2目ゴム編みにした場合は裏目が2目のシームになることもありました。身頃は緩みが少なく作られているので袖下には動きやすくなるように菱形のマチ（gusset）を作ります。肩は身頃とは違う柄で編み、装飾性を持たせました。袖はアームホールから袖口に向かって編みますが身頃から続けてマチを入れます。衿は一般的に2目ゴム編みを約5センチ編み、裏編み2段、表編み2段を編んで脱ぎ着がしやすいように緩めに伏せ留めをします。スコットランドでは脱ぎ着で襟元が緩まないように、空きを作ってボタン留めにされているデザインが見られます。

　サンデーベストと呼ばれる一張羅のガンジーは時に1インチ（約2.5cm）で12目19段で編まれました。セーターを編むための細い針は「針」ではなく「針金」と呼ばれ、実際に針金を切って針先は石などで削って作っていたそうです。着心地を考えた編み地にするためには細かいゲージが必要で、そのためには女性達はあき時間があればいつも手を動かしていたのでしょうね。

シェトランド諸島
フェアアイル　Fair Isle

　シェトランド諸島で有名なニットの一つにレースのショールがありますが、沢山の色で構成された幾何学模様のフェアアイルパターンのセーターも大変よく知られています。色使いと独特な模様が印象深いニットで、大変複雑に見える柄ですが、ほとんどの模様には、1段に2色しか使われていません。しかしセーター1枚には12色以上が使われています。パターンは160種類の模様があると言われていて、1枚のセーターには同じ柄が使われないのも特徴です。

アランセーターの展示が見られるアイルランド国立博物館カントリーライフ館。
National Museum of Ireland - Country Life

左 サンバラ(Sumburgh)にあるテキスタイル博物館の展示品。下 ニッティングベルトを使って編んでいる様子。

　このセーターの名前となっているフェアアイル（Fair Isle：フェア島）はスコットランドの北、北海に浮かぶシェトランド諸島の100近くある島の中の一つです。グリーンランドの南端とほぼ同じ緯度に位置しているのですが、メキシコ湾流のおかげで冬の寒さはこの島より南に位置するスコットランドほど厳しくはありません。この島々はこの約500年間はスコットランドに属していますがかつてはノルウェーの一部であったからか、島民の外見や言葉のアクセントに今もなおノルウェーの影響が見られます。

　このフェアアイルと呼ばれる編み込みニットが知られるようになったのは1850年頃の事でしたがその時は未だセーターではなくキャップに使われていました。セーターが編まれるようになったのは20世紀になってからと考えられています。1920年代になってレジャーウエアとしてニットウエアが新しいファッションになり、フェアアイルパターンもセーターに使われるようになったのでしょう。しかしこのセーターが一躍注目を浴びるようになったのは1922年、後にエドワード8世になるプリンスオブウェールズがゴルフウエアとして着用したことからでした。

　では特徴的なあのパターンや色使いはどのように生まれたと言われているのでしょうか。私たちが現在目にしているフェアアイルパターンに似た、もっとも古い編み物は紀元前4世紀のエジプトの墓から見つかった靴下です。アラブ人による交易とともにこのパターンもスペインやイタリアに伝わりました。そこで一つの有名な話として伝わっているのがスペイン船「エル・グラン・グリフォン」の難破です。1588年にフェア島近くで難破したこの船の船員達が島に避難して約6週間滞在し、その間に地元の人々にニットやスペインのパターン、染める技術を島民に教えたというものです。しかし今ではこの説は伝説となっています。フェアアイルのニットが初めて出版物に記されたのはこの伝説から約300年後で、そこには女性たちが編む靴下や手袋がラム酒などと交換されたと書かれています。

フェア島の小型シェトランドシープ。

　フェアアイルセーターに使われるシェトランドシープからは11種類とも言われるナチュラルカラーの糸が作られ、初期のセーターは染めることなく羊の毛の色を生かして編まれていました。このセーターの美しさは洗って成型して仕上げることで一層引き立ちます。色が微妙に混じり合い、表面に美しい輝きを放ち、まるで花を咲かせたようになるからです。

繊細な印象のパターンをロングベストにしました
ポケット付きなので着やすいデザインです。

編み方 → p.78

Aran

やっぱりアランが好き

　私は1962年にイタリアに留学を決め、ローマにあるコンノツリエン・コンルドアトリエに入り、シスターの寄宿舎に住んで勉強をしていました。夏には寄宿舎を出なくてはいけないのでこの期間はヨーロッパ各地を旅しました。コンテッサコルベルダルドが私がニット好きということを知りイギリスの伝統ニットの名著である『PATTERNS FOR GUERNSEYS, JERSEYS & ARANS by GLADYS THOMPSON』をプレゼントしてくれて、アラン島に行ってニットを見てきなさいと勧めてくれました。そこで、アラン諸島の中の一番大きいイニシュモアをめざしてローマからアイルランドのダブリンに行き、そこからはセスナ機で移動しました。乗る時にステップが三段しかない小さな機体で機内ではパイロットの姿が見えるくらいでした。

　この島は海鳥パフィンのバードウォッチングが有名で乗客のほとんどはバードウォッチングの人達。アランニットを見に行くと言ったら、珍しがられました。島には飛行機が週に1回、船は月に1回通っているだけなので一度島に渡ったら、1週間は戻れない。一人だし、英語は発音が違うし、迫って来る60メートルの断崖絶壁の下は大西洋、むき出しの岩肌に打ち付ける波と風という激しい自然が広がり、心細い思いでいっぱいでした。泊まったのはB&Bで、1週間分の前払いを済ませ、アランセーターを見たいので誰か紹介してほしいと頼んだらニッターのアミーさんを教えてくれました。描いてもらった地図を頼りに訪ねましたが強い風は吹くし、島には石を積んだ高い囲い（塀）があって、小柄な私は中の様子がわからず、たどり着くのは大変でした。訪ねた季節が夏だったので彼女が編んだセーターはあまりありませんでしたが、滞在中、何度も通って色々教えてもらいました。ケルト語なのかしらと思うくらい英語の発音が違っていて辞書も役に立ちませんでしたが、編んで見せてもらって理解できました。アミーさんに縄編みに使う目を休めるための針（うつし針）を見せたら「そんなものは使わない、そんなことをしていると時間がかかるから」ということで別針に目を取らず手でちょっと押さえて目を入れ替えるだけで編むことを習いました。

ダブリンで手に入れた長い編み針。
ケースはスウェーデン製。

島に住むアニーさんの言葉を思い出して、
ハート柄をデザインしました。

編み方 → p.82

Aran

　編み針は金属で長く、左脇に針を挟んで右手だけを動かして編む方法で、未だに真似できない。作り目の方法も初めて見る方法で、糸の動きは日本でもよく知られているいわゆる一般的な作り目と同じなのに、針を立てて作るのには驚いたし、日本のような針の持ち方の方が楽だと思うのに何故だろうと思いました。針は糸に対してかなり細く、きつめに編んであり、彼女の手持ちの1枚（子供用）を購入しました。

　セーター作りの場合、目数は決まっていて、ニッターたちは編み図もなく自分の頭の中にある数字と模様を組み合わせて編んでいました。交差編みをするのは全て表から編むとき（奇数段）で、裏から編むとき（偶数段）はそのまま編む。手の指を使って糸の動きを説明してくれたのですが、これで十分理解できました。確かにアニーさんの手元を見ていると、もう自由に編んでいる感じ。

　セーター用の糸は自分で紡ぐのですが、びっくりしたのは家族の尿をためておいて（トイレは戸外にある）そこに入れて脱脂する方法です。確かに少し油脂分が残っている方が水を弾いていいわけですが。

　アミーさんは島から出たことがないというので寂しくないかしら、と思って聞いてみたのですが、地域のみんなと心が繋がっているから寂しくないと胸に手を当てて話してくれました。それを思い出して、今回の作品にハート模様をデザインして12ページの作品に入れました。

　1本の糸から自由に編み出されるアランセーターは糸の彫刻だと思いました。無の世界から1本の糸と2本の針、10本の指だけで生まれるアラン模様はケルト模様が背景にあると思うのですが、無限に作り出せて何回編んでも「やっぱりアランが好き」です。

ノルウェーで習った縁編みの方法を衿ぐりと袖ぐりに使いました。

編み方 → p.84

Aran

縄編みでリバーシブルの編み地ができないか考えたパターンです。
縄編みの模様の間に入れた裏編みは裏面では表編みになるので裏面で交差編みができると気づき、
柔らかいカシミア糸でリバーシブル縄編みの小さなマフラーを編んでみました。

編み方 → p.81

縄編み地を横に使ってみようと思い、端から目を拾ってトップを編みました。
編み方 → p.86

Fair Isle
フェアアイル

編み方 → p.87

フェアアイルセーターは
荒涼とした島に咲いた花

　アランセーターを見るために泊まったイニシュモア島のB&Bの鴨居に飾られていた、細長い、見たことも無い編み込み模様のニットがフェア島の伝統ニット、フェアアイルニットだと教えてもらった私は大変興味を引かれ、ぜひ島に行ってみたいと思いました。そこでローマに滞在中、アイスランドに行く途中、船で寄ることにしました。

　アイスランドには丸ヨークのセーター（ロピーセーター）があると聞きロンドンから首都のレイキャビクに行くことにして、その途中にフェア島に寄りました。空気が冷たく、植物は地上に張り付くように生えていて、大きな木はありませんでした。

　島には数時間しか滞在できませんでしたが、郵便局の女性がフェアアイルセーターを編んでいると教えてもらい、尋ねました。行ってみるともう一人見学者がいました。イニシュモア島のB&Bで見たフェアアイルのパターンは全てナチュラルカラーだったのですが、見せてもらった女性は毛糸を絵の具のように色別に紙袋に分けて入れ、好きな色を選んで好きな模様を思いつくままに、という感じでぐるぐると輪に編んでいるようでした。1枚のセーターには同じ柄を入れないと話してくれましたが、模様によっては輪編みで一周したとき、柄がつながらないことがあるようでしたがあまり気にしていないことに驚きました。日本人にはちょっと理解ができないことですが、北欧などでもこういうことはよくあって、いまだにそれは納得がいきません。

　イニシュモア島で初めて見たフェアアイル模様は、お話ししたようにナチュラルカラーだったので、綺麗な色の模様を見て、荒涼とした風の強い島の風景の中に咲いた花のような印象を受けました。最初は3時間くらい見学してもいいという話だったのですが、結局1時間くらいでそこを出なくてはいけなくなりました。船が出るまで時間があったので船着場のお店をのぞいていたらパターンブックを売っていたので買いましたがこの本は手編みする人のためというより、機械編みのためのパターンブックのような気がしています。

　フェアアイルセーターといえばスティーク。今ではニット好きには常識になっていますが、私は編み地をカットするのではなくオリジナルの方法で作っています（75ページ参照）。今回の作品は初めて見たフェアアイルがナチュラルカラーだったのでそれを思い出して1枚はナチュラルカラーに、もう1枚は同じパターンですが多色使いで編みました。パターンもフェアアイル島の郵便局の女性に倣って全て違う組み合わせです。色々思い出の詰まった作品となりました。

Fair Isle

ナチュラルカラーと同じパターンですが、印象が違うところがフェアアイルを編む楽しみでもあります。
編み方 → p.87

Gangey
ガンジー

ガンジーセーターの魅力
1目動かすことで模様ができる、それが素晴らしい

　今までガンジーセーターを見るための旅はしていませんが、留学中にたまたまガンジーセーターの島らしい？島に行くことになったのです。アイスランドからロンドンに帰る際に、オランダ方面の航路に乗らなくてはいけなかったのですが、どうもアイルランド行きの違う航路に乗ったらしく、間違いに気づいて途中で降りたはいいものの困ってしまって、周りの人に「ロンドンに帰りたい！どうしたらいいの」と聞いていたら親切に「どこから来た？」と聞かれ、パスポートを見せたら「ローマからか、全ての道はローマに続くだな〜」などと言いながらも、どの船に乗ったらいいか教えてくれました。船が出るまで時間があったので時間つぶしに一軒のお店に入ったらガンジーセーターの写真が飾ってあったのでセーターを売っているのかと思ったのですが、そこは骨董品を売っている雑貨店でした。でもニットの本を売っていたので購入しました。この本のガンジーセーターにはマチがなく、衿にはポンポン着きのひもが付いて珍しいな〜と思ってよく見たらオランダのガンジーセーターの本でした。結局この島には数時間の滞在で、何とかロンドンに帰り着きましたが、実はこの島はスコットランドの西、ヘブリデス（Hebrides）諸島の外側に位置するエリスキー島（Eriskay Island）で、ここでしか見られない全体柄で有名なガンジーセーターの島だったのです。

　ガンジーセーターは一般的に濃紺1色で腰の強い糸を使って裏編みと表編みだけで模様を作ります。編み方としては本当に簡単だけれど、例えば表編み2目と裏編み2目を2段ごと交互に編めば市松模様になるし、1段ごとに1目ずらして編めば綾織のような編み地になるし、こんなちょっとしたことで全く違う模様ができるところが魅力で、色々な模様を編んでみたくなります。伝統パターンも沢山あって、自由にアレンジできるので、今回もオリジナルパターンを編んでみました。それに労働着なのでピッタリサイズに編み上げて、動きやすいようにマチが入っているところもこのセーターの特徴ですので、今回はセーターではありませんが、作品に応用してみました。脇の左右のシームに裏目を入れて輪編みにするのは1段1目ずつずれるのを防ぐという知恵でもあります。

　肩のはぎ方にも工夫があってとにかく丈夫に仕上げています。古いセーターの中には傷んだらそこから編み直した、つぎはぎだらけのセーターもあるようです。細い糸を丁寧に編んだ手編みのセーターは本当に大切に着られていたのですね。実際に編む人には実感できることでしょう。

ベストですがガンジーセーターの基本である輪編み、
脇マチの要素を入れてデザインしました。

編み方 → p.92

Gangey

フラッグとアンカーのパターンを組み合わせ、ポケットもつけました。
ハイネック風になる折り返した衿もポイントです。

編み方 → p.90

ノルウェー
NORWAY

ノルディックセーターと言えば黒に白のドット柄のセテスダールのセーター（Luskofte）、星やトナカイ柄のミトンで有名なセルブ、縞模様にドットが印象的なファーナのカーディガンが代表的なニットです。

セテスダール Setesdal

　ノルウェーの南に長く伸びた美しい谷間（ダール）に位置している地域がセテスダールです。ここで生まれた男性用編み込みセーターは「シラミ模様：lice-pattern」と呼ばれる黒の中に白のドット模様が特徴で、1830年〜40年頃男性ファッションのズボン丈が中世から続いた半ズボンから長いタイプに変わった頃に着用され始めました。裾の部分はズボンの中に入れて見えないので模様は無く、羊毛のナチュラルカラーである白で編まれ、身頃の黒に白の細かい編み込み模様が特徴で、身頃・袖を輪に編んでスティークして作った衿ぐりと、袖口につけた黒地に刺繍をした美しい縁布が華やかです。刺繍糸はウール糸で赤が最も良く使われ、緑、青、黄色、薄紫、ローズ、茶色や白も使われています。あきの部分は錫や銀のボタンで止めます。このシラミ模様のデザインは今やほとんどノルウェーのナショナルコスチュームと言ってもよいくらいになりました。初期のセーターにはシラミ模様とジグザグ模様が組み合わされ、フェアアイルにも見られるクロス（St. Andrew's Cross）と円（wheel of life）の模様は後に使われるようになり、これがセテスダールセーターのトレードマークになっています。

　1930年代になって一人の女性がスポーツウエアとして刺繍布無しのセテスダールセーターを他地域で販売したところ大変良く売れたそうで、その後ほどなく機械編みが始まると、前を空けたカーディガンも作られるようになり、1960年代に流行しました。1988年のカルガリー冬季オリンピックではノルウェーの公式ユニフォームに採用され、1992年、自国開催のリレハンメルでは開会式に皇太子を始め大勢の人々がこのセーターを着たことでさらに世界に知られることになりました。

セスダールの野外ミュージアムのスタッフは地域の伝統ウエアで、見学者を案内してくれる。黒のスカートは特別な装いで、白のスカートは普段着なのだとか。

袖口には美しい刺繍布がついている。

谷間を流れるOtra川沿いに野外ミュージアムがある。

セテスダールで購入したキットを編んだセーター。

セルブ Selbu

　今日、ノルウェーのニットと聞いてほとんどの人が思い浮かべるのは白と黒の編み込み柄の星、トナカイや踊る女性達が組み合わされた美しいデザインでしょう。これらは小さな北部地域のセルブで生まれたニットです。これまでに100万以上とも言われているミトンやたくさんのセーターのパターンがセルブのニットをイメージしてデザインされました。

　ノルウェーは非常に細長い国土でスコットランド北部の緯度から北極圏を超えて広がっていて、ほとんどの国民は南の海岸沿いに住んでいます。セルブはトロンハイムの南、ほとんどアイスランドと同じ緯度に位置しています。この地域は昔は石臼の生産地として有名でした。

　セルブニットの起源はそれほど古いものではないことからその歴史もはっきりしています。1926年にトロンハイムニュースペーパーに掲載された記事が残っていることでその経緯がわかります。後にセルブミトンと呼ばれるようになったミトンを最初に編んだのは農場で働く、当時は16歳か17歳だったマーリット・エムスタッド（1841年〜1929年）でしたが、実はその前に一つエピソードがあります。従業員の一人の女の子が黒い蛇が足を登っていくような編み込み柄のハイソックスを編んで雇い主のクリスマスプレゼントにしたところ農場主は喜んで、マーリットにも同じようなものが編めないか聞きました。彼女は翌年の夏に婚礼用ミトンの刺繍模様に使われている星模様を白地に黒で編み込んだミトンを編みました。これが1855年か1856年のことでした。この地域では他の北欧各地と同じように日曜日に教会に行くためのミトンはノールビンドニングで作られたもので、丈夫で暖かくはあるものの、形はシンプルでしたので、マーリット姉妹が教会にこのミトンをはめて行ったことは一大事でした。もしこのときに他の女性たちがこのミトンを認めなかったらセルブニットは生まれることはなかったでしょうが、マーリットと彼女の家族は地域では賢い、手仕事の上手な女性たちとして尊敬をされていたので地域の婦人達は彼女が編んだ模様を記憶して、自分なり

セルブミュージアムの館内展示。長く結婚祝いとして使われてきたセルブのミトン。手袋と靴下はそれぞれ違う柄。

のデザインを考えて編みました。

　このミトンは日曜日の教会用のミトンとして瞬く間に広がり、地域の伝統ウエアになりました。パターンは婚礼用ミトンの刺繍やタペストリー、木彫の模様から転用されましたし、カブトムシ、松の枝、トウモロコシ、犬など、身近な自然からもパターンが生まれ、イニシアルも入っています。この伝統的な模様のミトンは長い間婚礼用の贈り物としても使われて来ました。

　このニットは20世紀になるまではセルブ地域の家庭で編まれるだけでしたが、1900年頃に石臼産業が衰退してからはこのニットが重要な産業となりました。1930年代にはセルブから1年間に10万ペア以上のミトンやニットウエアが輸出されたと言われています。またスキーが盛んになったことでニットウエアは新しいファッションになり、セルブニットは一地方の衣装から他地域の人々のウエアとして広まって行きました。考案者のマーリットは後に「セルブニットの母」と呼ばれ、生涯新しい模様を考えながら編み続けました。

　セルブニットを広めたもう一人の女性がベーリット・オーネです。ベーリット一家は1882年にセルブからアメリカに移住し、ミネソタの小さなコミュニティに住み始めました。しかし学校も教会もなく、先生を雇うこともできませんでした。ベーリットは腕のいいニッターだったのでコミュニティの女性たちにニットを教え、ニット製品を売って得たお金で先生を雇い、学校を建て、教会も建設することができました。
　セルブニットの有名な星のパターンは他の地域では「エイトポインテッドスター」と呼ばれていますが、この地域では星ではなく「セルブのバラ」と呼ばれています。

セルブで
購入した手袋。

ミュージアムの外壁には大きなセルブパターンのミトンが描かれている。

ファーナ　Fana

　ベルゲンの南地域に位置するファーナ。ここで作られた横縞が特徴のファーナセーターは元来は男性用の日常着で、その起源は1859年頃まで遡ることができます。この地方にはこのストライプのセーターが生まれる前には白で編まれた男性用の晴れ着が作られていたようです。生成りに裏編みで模様を編んだタイプで、衿ぐりや袖口にはテープをつけ、銀や錫のボタンがついています。

ファーナのニッターさんからプレゼントされたカーディガン。伝統的なファーナのデザインとリボンのトリミング。

ベルゲンはニシンで栄えた街で世界遺産として美しい街並みが保存されている。

セテスダールに住むAnnemor Sundbøさんの個人ミュージアム館内にもたくさんのファーナセーターが展示されている。Annemor Sundbø's Ragpile Colletion. Copyright Annemor Sundbø

　この縞柄のセーターはかつてはノルウェー西部一帯で広く着られていましたが、残っているのはファーナだけとなりました。元々はセーターでしたがカーディガンになったのは1900年頃と言われています。このカーディガンのデザインの特徴は裾には市松模様、その上にエイトポインテッドスター、そしてドットの入ったストライプで構成されているところです。糸は自然の羊毛の色である黒、茶色、グレー、草木染めのブルーと生成りの組み合わせでデザインされました。糸の太さは2plyか3plyで、1.5mmや2mmという細い針で編まれました。輪編みにして前あき部分や衿ぐりはスティークの要領でカットした後、裏に布を当てたり、白のセーターと同様にシルクやコットンリボンを飾りとしてつけて仕上げます。最も好まれたリボンは白地に赤のハート柄で、ボタンには古いコインが使われることもありました。

　20世紀になる頃には都会の人々にも知られるようになって、この地方の人々の収入源にもなり、女性達はセーターを売るためにニットを始め、ベルゲンにはニットの会社も作られました。1930年代には若い女性がこのカーディガンを好んで着るようになり、通学やハイキング、スポーツ観戦など様々なシーンで見かけられるようになりました。子供用にはしばしば赤と白、もしくは青と白の組み合わせで作られました。第2次大戦中、ドイツに占領されていた時期にはベルゲン周辺ではファーナセーターが団結の象徴になったということです。

フロム鉄道と船で行ったセテスダール

　ローマに滞在中の3年目、これが留学最後の夏になると思った私は素晴らしい伝統ニットがあると聞いていた北欧に行くことにしました。最初に訪ねたのはオスロでした。オスロにはノルウェー民族博物館（Norsk Folkemuseum）があって、ノルウェーの伝統的なニットや民族衣装を見ることができました。その中にセテスダールのセーターもあり、是非見たいと思ってセテスダールに向かうことにしました。オスロからはベルゲン急行で、まずベルゲンに向かいました。飛行機で行けば時間はかかりませんが、途中、ミュルダールから山の中を走るフロム鉄道に乗り換えたことで滝や素晴らしい眺めを楽しむ旅となりました。時間がある人にはおすすめのルートです。ベルゲンに行く前にグドバンゲンで泊まることにしたのですが、泊まったホテルの従業員の方達が着ていたカーディガンがファーナの伝統ニットであることを知り、ホテルが持っているファーナセーターのコレクションを見せて頂きました。又、ニッターのブレーヴィックさんを紹介してくれましたので訪ねたところ、民族衣装を着て出迎えてくれました。そのときに頂いたカーディガンが29ページのものです。輪に編んで前中心を切るのですが（スティーク）、輪に編むことで少し斜傾してしまいます。テープをつけたり布で裏打ちすることでそれをカバーしているようでしたが、余り気にしないというところかもしれません。その後も彼女の家を訪ねる機会がありましたが白い家と記憶して行ったのですが黄色に塗り変えられていて、迷った記憶があります。高齢の女性でしたが、夏の間に自分で外壁を塗り替えたのだそうです。

作品にはセテスダールで購入したボタンを使用。

編み方 → p.96

Setesdal

　ベルゲンからセテスダールまでは船で行くことにしました。フィヨルドを見ながら南下して次に川を上ってセテスダールに着きました。ここでもミュージアムを訪ねました。北欧各地によくある野外ミュージアムで、スタッフの方達はセテスダールの伝統衣装を着て案内をしてくれたのですが、中に仕事の合間に編み物をしている女性がいました。それが26ページの写真です。

　セテスダールは谷間の小さな地域ですがもう少し南下するとクリスチャンサンという大きな街があり、そこのフースフリーデン（ノルウェー全土にある手工芸店）でセテスダールセーターのキットやセーターにつける錫やシルバーのボタンを見つけました。日本から来たことを知るとお店の人が珍しい銅製のボタンも出してきてくれて、ボタンと刺繍布つきの伝統的なセテスダールセーターキットを購入し、帰国後仕上げました。

　セテスダールからベルゲンに戻った私は北上してセルブまで足を伸ばし、小さな船小屋の様なミュージアムでセルブ独特のミトン、手袋、靴下を見ることができました。28ページの手袋はこのとき購入したものです。

　スティークを知ったのはオスロのミュージアムでセテスダールセーターを見たときのことです。身頃を輪に編んでから編み地を切って袖をつけたり衿ぐりを仕上げている事がわかり、驚きました。それまで日本ではこのような方法は知られていませんでしたが実物を見ると他に方法がないことがわかります。本書ではセテスダールの作品にはスティークは使っていませんが、刺繍布の代わりに3色のブレード編みで雰囲気を出してみました。

留学時代、セテスダールの野外ミュージアムで。

シラミ模様と伝統的な丸とクロスの連続模様をアレンジして
シンプルなベストにしました。

編み方 → p.98

33

Fana
ファーナ

おじいさんと小さな孫がお揃いで着たら素敵だろうな〜と思ってデザインしました。
編み方 → p.102

ファーナのストライプには一般的にはシラミ模様と同じドットを入れますが
小さなクロスのパターンにしてみました。

編み方 → p.100

Selbu
セルブ

セルブを代表するパターンと、裾には羊をデザインして組み合わせました。
リストウォーマーは段が変わるところに縞柄を入れた点がポイントです。

編み方 → p.105

Selbu

コットンヤーンを使ってセルブのエイトポインテッドパターンを
レース模様にして春夏用のウエアにしました。

編み方 → p.108

お詫びと訂正

『小瀬千枝の伝統ニット』に間違いがございました。
読者の皆様、ならびに関係者各位にご迷惑をおかけしましたことをお詫びするとともに、ここに訂正させていただきます。
以下のページが間違っておりました。

P.86
アラン模様のキャップ、模様編みAの「編み図」が間違っておりました。
以下の正しい編み図に差し替えてください。

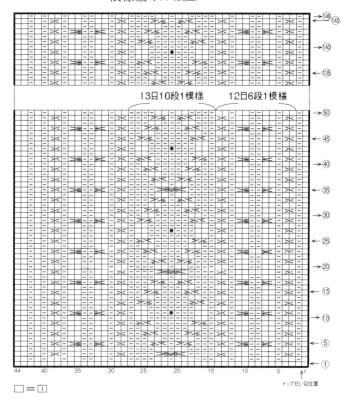

P122
デンマークナットトイヤーの材料、イサガー ジェンセンヤーン グレーの
糸番号が間違っておりました。正しくは以下になります。

誤) 2929
正) 3s

スウェーデン
SWEDEN

スウェーデンには色々な地域で生まれたニットがあります。ハーランドのビンゲ、ダーラナのツインドニッティング、ハート柄が印象的なデルスボーのニット、20世紀になってから生まれたボーヒュースなどが有名です。又、今では他の地域では見られなくなったテクニックもまだ残っていて、正にニットの国です。

ハーランド Halland

　スウェーデン南西の海沿いの地域であるハーランド（Halland）は1645年までデンマークの一部でしたが、土壌が悪く19世紀まで貧しい地域でした。土地の大半は一部の地主が持っていたのでほとんどの人々は貧しく、収入を得るために17世紀に家内工業として編み物が始まりました。ある時期には編み物の収入が良かったために農業従事者を雇うことが大変になる程だったといいます。これほど編み物は仕事として必要でした。この地域にニットを広めたのはオランダ人女性で、彼女と彼女の使用人が1650年代に周りの人々に教えたところ、瞬く間に技術が広がりました。これがその後のビンゲと呼ばれるニットの伝統の礎となり、この地域の人は編み込みの技術に優れている、と知られるようになりました。ちなみにビンゲ（Binge）という言葉はこの地方の方言でニットを意味するのだそうです。

　しかし19世紀末には機械編みに押されてハンドニットを売ることが難しくなりました。そこで仕事のない貧しい人々を助けるために1907年にラホルム（Laholm）に住む医師の妻が編み物の共同組合を作りました。編み手を集めて質のいいウールを輸入してニット製品を作り始めたところすぐに軌道に乗りました。王室の人々の目に止まって注文を受ける等、当時スポーツウエアとしてニットが好まれたと言うこともあったのでしょうか、徐々に有名になって行きました。

　パターンも協同組合を始めてからすぐに地域に残るものを集めてカタログを作ることで良いスタートを切ることができたと言われています。なかでもbjärbo（ビヤーボ）という模様はハーランドでは18世紀からなじみ深いもので、赤、白、黒で編まれました（ノルウェーでは通常、同じ模様を赤、青、白で編みます）。その他には雉、花、踊る少女・少年、幾何学模様等がありますがはっきりと何処の地区の模様かを特定するのは難しいようです。

　ハーランドでは長いニットの伝統はありますが、今私たちがビンゲとして認識している編み込みニットは一人の女性が20世紀に入って編み物協同組合をつくることで守られ、発展してスウェーデンを代表するニットになったのでした。

ビンゲの代表的なパターンであるbjärboを輪針を使って二人で編む様子。

ダーラナで購入した
ジャケット。

ストックホルムにある北方民族博物館。

ダーラナの伝統的な建築様式の家。

ダーラナ Dalarna

　首都のストックホルムから北西に位置する地域で、スウェーデンを代表する工芸品の赤い馬はこの地方で作られています。又、各地で行われる夏至祭の中でもダーラナの夏至祭は規模が大きく有名です。

　この地域のニットはパターンもさることながらテクニックが独特です。ウールの編み地は暖かいのですが欠点は風を通してしまうことです。そのために目の積んだ編み方をしたり縮絨させたりしていますが、これもその一つの方法として生まれたのでしょうか。スウェーデン語で「ツヴォーネンスティックニング」、英語に直訳すると「ツーエンドニッティング」、つまり1つの糸玉の両端の糸を引き出して編むので「ツーエンド：二つの端」とよばれている編み方です。英語では一般的に Twined knitting と呼ばれているので本書でもツィンドニッティングと呼んでいます。一見1色に見えるメリヤスの編み地も実は2本の糸で編まれていて、糸玉の両端から取り出した糸を交互に入れ替えて編む方法です。北欧では少なくとも17世紀から装飾や縁編み、靴下やミトンに使われ、特に靴下のかかとやミトンにはこのしっかりした編み地がぴったりでした。

　ダーラナのウエアはニットの部分は袖だけで、ウール生地の身頃に縫いつけたジャケットが1800年初頭から作られ、袖には凝った模様をツィンドニッティングで編みました。模様は地域によって様々で同じ地区でも細かな違いが見られます。袖は赤ですが、実は生成りにナチュラルブラックの糸で模様を編んでから赤に染めたのでした。しっかり編まれた編み地は染めることで縮絨されてさらに編み目が詰まり、まるで布のようになり、黒の糸はより濃く見えるようになりました。

　赤の袖と緑の身頃が印象的なこのジャケットはダーラナの伝統ウエアの一部であり、近年ではツィンドニッティングは使われませんがパターンを生かして作られています。

上 美しい丸ヨークのコレクション。下 ボーヒュースランスミュージアム。

ボーヒュース Bohus

　繊細な編み込み模様の丸ヨークが印象的なこのセーターは20世紀になって生まれたニットです。スウェーデン南西部に位置するこの地方は敷石の産地でしたが、アスファルトの普及で男性達の仕事が無くなってしまい、困った女性達が知事夫人に窮状を訴えたことがきっかけで生まれたと言えます。知事夫人は女性達の持っているニットの技術を生かして仕事を作ろうと考え、1939年に協同組合を作りました。最初は靴下等の小物を編んで販売していましたがスウェーデンの女性達なら編めるものばかりで、上手く行きませんでした。そこでデザイナーを雇って試行錯誤をくり返しながら良質のウールやアンゴラを使ってあの美しいセーターが生まれました。特徴的なテクニックは編み込みの中に裏編みを入れることで、その結果色が混じり、にじんだ様な効果をあげています。

　素材だけではなく、編み上がったセーターの品質管理も徹底されたことで高価ではありましたが良質なセーターとなりました。1950年代にはアメリカにも輸出され、ハリウッドスターがこのセーターを着ている写真も残されています。組合は1969年に閉じられ、わずか30年の活動でしたがボーヒュースセーターはスウェーデンを代表するニットの一つとして今でも愛されています。

デルスボー Delsbo

　ダーラナの北東、ボスニア湾に面したヘルシングランド（Hälsingland）地方のデルスボーはスウェーデンの伝統ニットの中でも最も華やかなセーターで知られています。この地域は良質の麻の産地でもありました。セーターには赤と黒と緑の糸が使われ、男性は四角い衿ぐりでかぶって着るタイプ、女性は前あきのデザインとされています。これは授乳のためにということでしょうね。1800年代から沢山のセーターが残されていますがほとんどのセーターにイニシアルと制作された年の数字が編み込まれています。黒地に赤、黒地に緑の大きなハート柄のパターンがくり返され、肩の近くには小さなハート柄や花のモチーフが使われたデザインが一般的です。少しだけ使われている白は当時は高価だった生成りの木綿糸です。

デルスボーで習って編んだカーディガン。

デルスボーセーターの胸元に編み込まれた名前と年代。

針の耳穴に糸を通して使う（木製針）。

ノールビンドニング Nålebindning

　ノールビンドニング（binding with a needle の意味）は棒針編みやかぎ針編みよりもずっと古くから使われてきたテクニックです。最も古いノールビンドニングの端切れはイスラエルでみつかった紀元前6500年のものと思われています。このテクニックは8世紀〜11世紀のヴァイキング時代はスカンジナビア地方で（まだニットもかぎ針も知られていない時代に）しっかりした丈夫な衣類を作るのに使われました。道具は木製や動物の角等から作られた縫い針の様な形状で、縫い針と同様に穴があいていてそこに糸を通し、編むというより縫う要領で糸を結んで筒状に形作ります。糸は長いものを使うのではなく、短いものを無くなったら端を重ねてこすり合わせて1本の糸にして続けていきます。筒状に作れるため、ミトンや靴下などが作られています。棒針やかぎ針では長い糸でなければ編めませんがノールビンドニングはむしろ短い糸を余すところ無く使えるテクニックで、羊からの生産物である毛糸を無駄なく利用する道具と言えます。

注）日本ではノールビンドニングと呼ばれるのが一般的で、この呼び名はスウェーデン語。デンマークやノルウェーでは Nålebinding と綴られて、発音もノールビンディングとなります。

ボスニアンクロッシェ Bosnian Crochet

　独特な形のかぎ針を使って編む編み物で、Shepherd's Knitting（羊飼いの編み物）とか、形からの呼び名と思われる「フラットクロッシェフック」とも呼ばれています。最も古いかぎ針編みで、引き抜き編みだけで編み地を作ります。編み目の上にできる鎖目の手前のループにフックを差し込むか向こう側に差し込むかの違いで模様が作れます。ボスニア周辺で生まれたことは定説となっていて、その後ヨーロッパにも広まったと思われます。スウェーデンではイエテボリの東50キロに位置するボロースのテキスタイルミュージアムに古いボスニアンクロッシェのミトンが残されています。

ノールビンドニングで作ったミトン。作品とクロッシェ（作者はKerstin Jonsson）

ロヴィカミトン Lovikka Mittens

　スウェーデン最北のノールボッテン地方のロヴィカ村の一人の女性が編んだミトンが今では広く知られるようになったロヴィカミトンです。それは1892年のこと、ニットを仕事としていた女性が厚地で丈夫なミトンの注文を受けました。彼女は特別に太い糸を紡いで編んだのですが、注文主からは不評を買ってしまいました。そこで彼女はそのミトンを持ち帰り何度も洗ってフェルト化させ、ブラシをかけてふわふわした仕上げにしたところ大変評判になり、この方法が瞬く間に広まりました。彼女は近隣の街やラップランドからも注文を受け、ラップランドの人々が好きな色で裏返したカフスのところに昔のノールビンドニングのミトンに施されていた模様を参考に刺繍をしました。このミトンが広まった一つの理由は、ある女性からプレゼントされた王女がこれをつけてスキー旅行に出かけたことでした。

尻尾のような飾りが愛らしいロヴィカミトン。

Halland
ハーランド

スウェーデンにはワークショップを受けに

　ローマ滞在最後の夏にノルウェーを訪ねた私は、一旦ローマに戻り、今度はスウェーデンを訪ねました。首都のストックホルムにある北方民族博物館（Nordiska museum）に行き、キュレーターの方に簡単な説明を受けた後、一人で最上階から展示品を見て回りました。ケースに展示してある作品だけではなく引き出しを一つ一つ出しながら所蔵品を見ることは楽しいことでした。ニットのコレクションもあり、特に興味を引かれたのは大きな赤のハートパターンが印象的だったデルスボーのセーターでした。どうしても見たくなった私はキュレーターの方にどこに行ったら見られるのか教えてもらい、デルスボーの手工芸学校の寄宿舎に1ヶ月滞在してデルスボーセーターを編みました。3号針くらいで編みましたが縮絨させて仕上げるのでその滞在中には仕上がらず、次の年に編み上がったカーディガンをスウェーデンに送って、実際に出来上がったのは次の年でした（42ページのカーディガン）。

　帰国後も北欧ニットへの興味は尽きず、特にスウェーデンのニットに惹かれて調べているうちに各地域独特のパターンや編み方があることがわかり、それらをもっと知りたいと思い、機会がある度にワークショップを受けに出かけています。その間に親しくなった方々が面白そうなワークショップの情報を教えてくれるのです。中でもウッラ＝カーリン・ヘルステンさんがオーナーである「オステルヨートランド」の糸が好きで彼女の糸を使って作品を作っているブリット＝マリー・クリストッフェションさんのワークショップには何度も参加して、ノールビンドニングとボスニアンクロッシェの編み方も習いました。どちらも今回は作品に使っていませんが面白いテクニックだと思います。でも輪に編むノールビンドニングはちょっと複雑で難しいですね。

尊敬するニットデザイナー のブリット＝マリー・クリストッフェションさんと。

スウェーデンでいつもお世話になる通訳ガイドのケイコ・ラーションさんと。

編み方 → p.110

Halland

　スウェーデンのニットはとにかく厚地にする必要があったのでしょう。編み込み柄と縮絨で工夫をしているように思います。北欧各地で見られるエイトポインテッドスターのパターンですが、スウェーデンでは8枚の花弁と見なして、菱形の先が少し丸くなって、星ではなく花をイメージしています。スウェーデンの冬の夜は長く、夜空のブルーも日本と違い、星がとても綺麗です。そんな星空を見ているとエイトポインテッドスターのパターンが愛される気持ちが理解できます。44ページの作品もこのエイトポインテッドスターをアレンジしたものです。

　ハーランドに行った際に男の人が10年着続けているというセーターを見せてくれました。スウェーデンでは年代やイニシアルが編み込まれたセーターが多く、一人で何枚も持っている訳ではないので家族が編んでくれた1枚を大切に着続けているのですね。

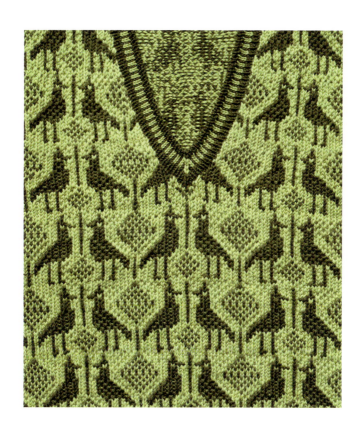

ビンゲを代表するパターンの一つである鳥の柄を男性用ベストに使いました。
1目ゴム編みの縁編みも2色使って編み込みにしました。

編み方 → p.112

Dalarna
ダーラナ

ツィンドニッティングの
新しい編み方を編み出しました

　ダーラナ地方独特の編み方である「ツィンドニッティング」を習ったのはウッラ＝カーリン・ヘルスティンさんが主催したワークショップでした。彼女はスウェーデンで一番大きい湖、ヴェーネルン湖の近くに住み、ご主人のボリエさんとオステルヨートランドの糸を作っています。この編み方は19世紀半ばまではスウェーデンでも使われましたが、その後忘れられ、20世紀半ばにダーラナ地方で再発見されてダーラナの伝統衣装に使われています。ダーラナではこの方法で編んだ後、更に縮絨させるのですから地厚になって暖かいウエアになります。

　このワークショップで習った編み方は糸玉の内側と外側から引き出した糸2本を右手に持って交互に糸を入れ替えて編む、伝統的な方法でした。講師のブリット＝マリー・クリストッフェションさんによれば、この編み方は棒針編みのなかでは一番古い編み方なのだとか。毎回、次に編む糸を上に重ねて編むので糸がねじれて、時々このねじれを直しながら編まなくてはいけません。これをくり返しているうちに嫌気がさして止めたくなりましたがウッラカーリンさんに励まされながらなんとか仕上げました。しかし何故こんな不合理な編み方をするのかしら、2本とも右手に持たなくてはいけないのかしら？糸のねじれを何度も直すのも嫌！どうして？という疑問が生まれました。きっともっといい方法があるに違いないと思った私は帰りの機内で、いつもならしっかり睡眠をとるのですがこのときは一睡もしないで他に方法はないかと考えて、いい方法を思いつきました。要するに、習った方法の、右手に糸を2本持ったときの編み方と同じ糸の動きになればいいわけですから1本は右手に、もう1本は左手に持って編む糸は常に右手で操作して、編むときに左手に持った糸の位置だけ変わるように針を動かせばいいのではないか、と気づきました。帰国後早速編んでみました。この方法なら糸がねじれることも無くワークショップのときの様なストレスを感じることもありません（カウチン編みと同じ）。

　左ページの作品はこの方法で赤と緑の糸で編んでみました。赤に見えるところは編んでいる糸が赤というだけで裏面では緑の糸を交互に赤の糸に絡めて編んであります。緑の編み込み柄のところでは逆に編みます。裾の部分では緑をこのテクニック独特の裏編みにして模様を出しました。衿ぐりと袖ぐりにはテープをつけて仕上げるダーラナの伝統を編み地によってその雰囲気を出してみました。

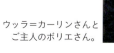

ワークショップで頑張って
仕上げたポーチ。

ウッラ＝カーリンさんと
ご主人のボリエさん。

編み方 → p.114

Dalarna

ダーラナの伝統柄を身頃にポツポツと編み込み、
縁はリボンの代わりにくさり編の飾りにしました。

編み方 → p.116

Hälsingland
ヘルシングランド

暖かい国の花であるカーネーション。
富裕層は温室で育て、庶民は編み込み柄にして楽しんだのだそうです。

編み方 → p.120

編み込みスカーフは巻いた時に裏面が気になりますが
リバーシブルならネガ・ポジになって問題ありません。時間を楽しんで編んで下さい。

編み方 → p.119

デンマーク
DENMARK

デンマークを代表するニットを直ぐに思い浮かべられる方はもしかしたら少ないかもしれません。ニットの国というより刺繍の国の印象が強いですがナットトイヤーと呼ばれる伝統セーターが各地に残されています。

デンマークはドイツの北に位置するユトランド半島といくつかの島で構成され、首都のコペンハーゲンは一番大きなシェラン（ジーランド）島にあります。ヨーロッパ本土と地続きという地理的理由からでしょうか、デンマークのニットは多分ドイツや南ヨーロッパから広がったのであろうと考えられています。そのため、ノルウェーやスウェーデンで普及するよりずっと前にニットウエアが日々の衣類の一部となっていました。コペンハーゲンの遺跡からは17世紀と思われる藍染めウールの編み地切れ端が見つかっています。しかもそこに見られるのは裏編みと表編みでその後使われ続けてきたひし形とスターパターンの組み合わせでした。

ユトランド半島中部域は湿地で砂地という痩せた土地で何百年にも渡ってたくさんの羊と、それに依存して暮らして来た貧しい人々の地域でした。イギリスや他の地域と同じように手編みは機械編みが導入される19世紀半ばまで、家内工業として重要な収入源だったのですべての人が男女を問わず編み物をして、子供も5〜6歳になると編み物を手伝うようになりました。人々は羊と共に野原にいるときも、歩きながらも、日曜日に教会に出かける途中の道でも、子供の揺りかごを動かしながらも、とにかく時間さえあれば手を動かし、手が休むことはなかったと言います。編まれていたのはハイソックス、レギンス、靴下、下着やミトンでした。

最初は家内工業だったニットですが、徐々に産業となって行きました。人々はグループを作って集まってニット制作をするようになり、その間に色々な昔話や伝説が語りつがれて行きました。歌を歌うこともあり、この編み物をするときの歌はデンマークの古いフォークソング集にも残っています。この地域のニットは19世紀に入ると首都だけではなくノルウェーでも販売され、最終的には4万人が従事する産業になりました。

伝統ニットである「ナットトイヤー：Nattrøjer（Nat＝夜 Trøjer＝衣服）」は17世紀に上流階級の人達が着た表編みと裏編みのシルクシャツを起源に持つと言われています。最初は輸入されていましたが、庶民にはシルクは高価だったのでニットで代わりの物が作られたと思われます。特に貧しい人々の間では、下着とアウターの区別は無く、寒い気候の中では昼間だけではなく夜も着用していました。初期には男女ともに着用していましたが、すぐに女性だけのウエアになりました。

残されている柄はシルクシャツの名残でエイトポインテッドスター（スターパターン）が菱形の中に入っているタイプが最も一般的です。このパターンは、中国の緞子がシリア（ダマスク）に伝わってイタリアやフランスで華麗な文様になり、これが北欧に伝わって1色ないしは濃淡2色の幾何学模様のダマスク織になり、この模様がナットトイヤーに使われたと考えられています。特にスターパターンはデンマーク独特の模様だそうですが、各地域でそれぞれ違うパターンのシャツが作られています。コペンハーゲン南東部のアマー（Amager）は豊かな地域で、インディゴブルーのナットトイヤーを着ていました。そこでは南スウェーデンからメイドさんを雇い、彼女達が編み物をしたのだそうです。そのためかメイドさんの出身地の模様が裏編みで編まれていて46ページのビンゲに使われている鳥に似た模様や、王冠や天使等、他の地域ではほとんど見られない模様が残っています。

色は赤がもっとも一般的ですが、緑、青や黒も見られます。この色にも地域性があり、

シェラン島の西、海に面したカロンボア地域には季節によって違う色、春は緑の、夏は赤、冬は青のナットトイヤーを着た地区がある一方、北ファルスター島ではお祭りのときには赤を着て、普段着には緑を着たと伝わっています。どの地域でも自然の生成り糸で編み、編み上がったら染め屋に持って行って染めていました。

丈の長さやシルエットはその時々の流行に左右されました。長い丈のシャツは古いもので、1800年代になってウエスト位置が高いシルエットに変わったことから徐々に短くなっていきました。裾の部分は2枚を別々に編み、身頃は輪に編みます。身頃と袖の目数の増減はパターンを微調整することで行われましたので、星や菱形のパターンには少しずつ違う目数の模様が幾つも見られます。袖付けのところからはマチの目を残して前後身頃を別々に編みます。衿回りのパターンは小さな市松模様や鹿の子編み、ゴム編みが一般的で、袖は身頃から目を拾って編む場合もあれば、袖口から輪に編んだものを身頃と接ぎ合わせる場合もありました。ナットトイヤーはほとんどの場合、胴着の下に着て、シルクリボンやアップリケの装飾が加えられることもしばしばでした。

かつてはどの農民の衣服もどのアイテムもその時代、その地域（つまり一つの教区）に制限されたものでなければいけませんでした。ナットトイヤーは緻密な計算で成り立つパターンなので、細い糸を細い針で編むことで初めて活かされました。そのためには高い技術が必要でしたので、それぞれの地域にはそれで生計を立てる専門の編み手がいました。シェラン島の南に位置するファルスター（Falster）島では、各村にニットや縫い物、刺繍を学ぶ学校を作り、少女達はそこで技術を身につけました。そのためでしょうか、複雑なねじり目のパターンなど、ファルスター島で編まれたニットシャツはその質の高さで有名です。

カーキ色に近い緑色で袖口にもリボンが。

18世紀に作られた、古いタイプのナットトイヤー。

時代が進むにつれて丈が短くなり美しいシルクのリボンで縁取られたタイプ。

ローランド島のミュージアム。

Nattrøjer
ナットトイヤー

以前、デンマークの博物館で
描き写してきた1段ずつねじり目で編んで行く
ナットトイヤーのパターンを使って作品にしました。

編み方 → p.122

Nattrøjer

ナットトイヤーによく使われる裏編みのダマスク模様を
編み込みにしました。

編み方 → p.124

フィンランド
FINLAND

森と湖の国フィンランドには日本ではまだまだ余り知られていませんがコルソナスとよばれる美しいニットがあります。

　フィンランドを代表するニットとして有名な、コルソナス（Korsnäs）セーターはスウェーデン語を話す海沿いの地域オスロボスニア（Ostrobothnia）から生まれました。このセーターの名前であるコルソナスはヴァーサ（Vaasa）市の南地域の海辺（ボスニア湾）に面した小さな地域の名前で、今でも9割近くの人たちはスウェーデン語を話しています。コルソナスセーターは色使い、パターン、そして違ったテクニックであるかぎ針編みと棒針編みを組み合わせて1枚のセーターにしたという点においてとてもユニークで、一度見たら忘れられない大変印象深いセーターです。

　かぎ針編みは19世紀にスウェーデンからフィンランドに伝わり、レースはコットンで、雑貨やアクセサリーはウールでタペストリークロッシェ（編み込み手法）で編まれました。多くの場合は細編みで編まれましたが、時に長編みや中長編みも使われて、サスペンダー、ボンネット、ベルト、コインケース、タバコケースなどの小物がこの技法で作られました。その後かぎ針編みがファッションにも使われ始めたという背景があって、コルソナスセーターは生まれたと考えられます。最も古いセーターは1854年に作られたとされています。最初のコルソナスセーターは多分技術に長けたクリエイティブな人が流行のかぎ針編みと伝統的な棒針編みを一緒にしたらどうだろうとイメージして生まれたのでしょう。こうして生まれたセーターは極めて美しく、多くの人の興味を引くこととなり、コピーされて広がって行きました。コルソナスのほとんどの村には注文を受けてセーターを編む熟練の専門職人がいました。これらのセーターは一般的に注文をした人が手紡ぎの糸を用意することになっていました。もし注文を受けた職人が一人でこのセーターを作った場合3〜4週間はかかりましたが、大抵の場合、セーターの一番難しいパートであるかぎ針編みの部分だけを専門の職人が編み、セーターの胴体の部分は、3〜4人の編み手が輪になって座り、同じペース、同じゲージで編む、という分業で作られましたので1週間で出来上がりました。

　セーターの肩の部分と裾、同じく袖の肩と袖口はかぎ針編みにして、胴と袖の大半は棒針編みにします。かぎ針編みの部分は編み込み柄になっていて、筋編み（76ページ参照）で編んでいます。この部分のベースの色は深みのある赤にブルー、グリーン、オレンジ、黄色、明るい赤、薄紫が使われ、模様は幾何学模様だけではなく花や木、踊る女性等も見られます。棒針編みの部分は白地に赤と青、または赤と緑のノルウェーの伝統セーターに見られるようなシラミ模様です。

　このセーターはコルソナスの男性の伝統衣装でしたが、小作人が着ることはありませんでした。一般的には男性に婚約のプレゼントとして贈られただけではなく、尊敬されている人、牧師や教師にもプレゼントされ、教会に行くときや特別な日に着用しました。20世紀初頭には助産婦さんにも贈られたそうです。男性たちはセーターの裾をズボンにタックインして着用し、筋編みで作られたサスペンダーやコイン入れなどとコーディネートしていました。

　首の部分はしばしば前後がない形で、前後どちらも着ることができました。大切な衣類なので時々前後逆に着ることで同じ箇所が傷まないようにしたと思われます。胴の部分は輪編みにして、袖付けと首は編みあがってからカットします。3plyの上質な糸が使われ、裾や腕の部分などが傷んだら修理をして三世代に渡って着られることも

ありました。

　コルソナスセーターは作った人の技術の証明であり、少なくとも初めの頃は富裕層のための衣類でした。今日では人々は出来るだけオリジナルに近づくように作ろうと心がけていますが、一方では多くのテキスタイルデザイナーやニット好きの人達はコルソナスセーターから刺激を受けて新しい色使いやデザインで作っています。20世紀初頭、既にこのセーターは舞台や映画の衣装として使われ、今ではコルソナス地区だけではなくフィンランド人の象徴となっています。

左 コルソナスの野外ミュージアムでのデモンストレーション。伝統的な3人での制作の様子。下 かぎ針のパーツを編んでいるところ。

ポストカードにもなっているコルソナスセーターのセット。

古くから作られてきたポーチを現代風にアレンジして、今でもコルソナスは継承されている。

セーターは男性用に作られた。デザインの組み合わせが色々見られる。

Korsnäs
コルソナス

スウェーデンで習ったコルソナス

　コルソナスニットとの出会いは2014年のことでした。ムーミンの作者、トーベ・ヤンソンの生誕100周年記念イヴェントがヘルシンキで開かれると聞いて出かけた、その会場に集まった人々の中に素敵なレッグウォーマーをつけた女性がいました。目を奪われて思わず写真を撮り、帰国してから写真を拡大してみたら筋編みで編んであることがわかりました。パターンも伝統的な赤をベースにした模様で構成されていました。しかしこのときにはコルソナスセーターを見ることはありませんでした。

　同年にスウェーデンのダーラナ地方にあるノース（Nås）でかぎ針編みのワークショップがあると聞いて出かけて行きました。行ってみて驚いたことにヘルシンキで見たと同じ様な柄で、筋編みでつくった編み物をコルソナスと呼んでいることでした。コルソナスは60ページに書いたようにフィンランドのスウェーデンに面した海沿いの地域なのに、対してノースは内陸です。かぎ針編みはスウェーデンからフィンランドに伝わったと言われているのですがコルソナス独自のテクニックやパターンが逆輸入の様な形で伝わったのかしら〜、だからこのテクニックをフィンランドの地域の名前で呼ぶのかしら〜と想像は膨らみますが理由は今もってわかりません。

　ノースでのワークショップはコルソナスのパターンではありませんでしたが、筋編みで所々に編み込みを入れていくレッスンでした。編み込み糸は編み込みが終わるとそこで切っていました。切り端はどうするのかしらと思いましたが縮絨させるので大丈夫だとのこと。しかし糸を切ることに抵抗があったので何も表からだけ輪編みにしなくても裏から戻りながら輪に編めば編み込み糸はそのままにして編めるのではないか、と提案したのですが昔からこの編み方だから、という答えでした。立ち上がりの目を作らないでグルグル編むと編み地が斜傾して、パターンが斜めになってしまいます。納得のいかない私は帰りの飛行機の中で立ち上がり目を編んで、輪編みでも表からと裏から編む方法を考えました。この方法なら編み地が斜めになることもありません。つまり表から編むときと、糸と針の動きさえ同じなら問題はないので、本書の作品も私のオリジナルの編み方で作りました。

　地元の人達は物心がついたときにはもう誰もが手を動かして何か物を作り始めるのだと話してくれました。伝統をそのまま受け入れて残して行くというのも大切なことかもしれません。

編み方 → p.126

ノースで購入した
古い筋編みのベルト。

印象深かった
レッグウォーマーを思い出して。
編み方 → p.131

Korsnäs

もこもこ暖かいリング編みの長いマフラーには
ポケットをつけてミトンの役割も。
元来リングは裏に出すところ、ここでは表に使いました。
編み方 → p.130

コルソナスセーターに使われる、
筋編みのテクニックで幾何学模様に。
編み方 → p.128

Korsnäs

シンプルな色使いの筋編みで
赤はボタン、青は色々な国でみられる伝統パターンで太陽を意味しています。

編み方 → p.132・133

How to Make

作り目

覚えておきたい作り目と本書で使ったちょっと珍しい作り目

○ 一般的な作り目

1 作り目の必要寸法の3倍強の長さの糸を引き出して右手に持ち、写真のように上から重ねて輪にする。

2 重ねたところを抑えて右手に持った糸を輪の下に置く。

3 編み針で糸輪の下の糸を引き出す。

4 糸を引いて1目が出来上がり。これをスリップノットという。

5 親指に短い方の糸を、人差し指には糸玉につながっている糸をかけ、糸を張った状態にする（少しクラシックな作り方）。

6 針を右手前親指の糸の下に差し込み、糸をすくい上げる。

7 糸をかけたまま人差し指の内側の糸に右側から針を差し込む。

8 糸をかけた状態で親指のループの中を通って手前に引き出す。

9 親指から糸を外す。

10 糸玉の方の糸を引いたら目の出来上がり。

11 5〜10をくり返して必要目数を作り、最初に右手に持っていた糸とこれから編む糸を結んでおくと1段目が編みやすくなる。

●2目ゴム編みの作り目

1 スリップノットを作り、一般的な作り目と同じ糸の構え方をしたら親指に掛けた内側の糸の下に針を差し込み、手前に引き出す。

2 続けて親指の外側の糸を上からすくい上げる。

3 続けて人差し指の内側の糸を外側からすくう。

4 1、2の針の動きで親指にかかった糸がクロスした間を通って糸のかかった針を手前に出す。

5 親指の糸を外すと1目ができる。

6 一般的な作り目とこの作り目をくり返し、必要目数(4の倍数)を作る。

●かぎ針で作る作り目−1

1 かぎ針にスリップノットを作り編み針を糸の上に置く。

2 かぎ針に糸をかけて鎖編みをすると1目が作れる。

3 糸を針の下に回し、2と同様に鎖編みをする。

4 2、3をくりかえして「必要目数−1目」まで作り目をする。

5 最後の目はかぎ針にかかったループを針にかけて必要目数の出来上がり。

●かぎ針で作る作り目−2

1 最初はかぎ針で作る作り目−1のスタートと同じ。

2 糸の位置はそのままにしてかぎ針を針の下にセットする。

3 かぎ針の先に糸をかけて鎖編みをするともう1目出来上がる。

4 今度は糸が針の下にあるので1と同じように鎖編みをして作り目。3、4をくり返して最後はかぎ針にかかったループをかけて必要目数を作る。

作り目

◉別鎖で作る1目ゴム編みの作り目（輪に編む方法）

1 別糸で必要目数の半分作り目をしたら編み糸で1段輪編みではなく平らに編んでおき、2段目から輪に編むと楽に編み始めることができる。この時に写真のように止めておくと糸が安定する。これは一般的な輪編みの場合も使える方法。

2 メリヤス編みを更に2段編む。

3 4段目の最初の目は編み始めの端の編み糸を裏編みにする。

4 次の目は針にかかった目を表編みにする。

5 次は別糸の鎖編みの間に渡っている糸を拾い上げて裏編みにする。針にかかった目は表編み、裏に渡った目は裏編み、をくり返す。

6 細い針で裏に渡った目を拾っておくと編みやすい。

7 1目ゴム編みが編めている様子がわかる。

8 別糸をほどく。

◉袋編みの作り目

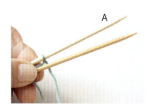

1 輪針2本を持ち、まずAの針にスリップノットを作る。

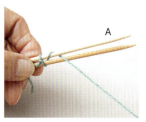

2 Bの針の上に糸をかけ、巻きつけるようにする。

3 針の間から糸を出し、これで2本の針に1目ずつできたことになる。

4 Aの針に糸を上からかけて巻きつける。

5 針の間から糸を出し、2〜4を繰り返して2本の針に同じ目数を作る。

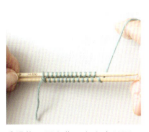

6 最後の目を作ったら糸は下に出しておく。

7 Bの針をコードのところまで引き出し、Aの針にできた目を編む準備をする。

8 Aの針でAにかかった目を編む。

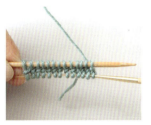

9 Aの針の目が編めたところ。

10 持ち替えて反対側の目を編むために編めた目のかかった針をコードのところまで抜く。

11 Bの針で作り目をねじり目のように編む。

12 作り目の両側の目が編めたところでこれは表面となる。

13 この状態になったら作り目と同様にAの針にかかった目はAの針でBの針にかかった目はBの針で輪に編むと袋状になる。

袋編み　53ページのスカーフに使われている編み方。

○袋編みの編み方

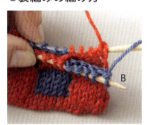

1 袋に編んで段が変わるところ。次の段からは色を変える。

2 Bの針で赤糸で表編み5目編む。

3 Aの針で青を裏編みで5目、続けて赤で裏編み5目編む。

4 Bの針で青を表編みで5目編み、この後は赤で続けてBの目を5目表編みにする。

5 前面、裏面それぞれ1段編めたところ（数字は編む順番）。

71

ツインドニッティング

スウェーデンに残っている編み方で、裏に糸が渡るため、地厚になって暖かい。
スウェーデンでは1色で1目ごとに糸を交差させて編むが、ここでは小瀬流をご紹介。
裏編みを入れることで装飾的な編み地ができる。

◆ メリヤス編み

1 右手にベースの色糸を、左手に配色糸(もう1本の糸)を構える。

2 針を編み目に差し込み、配色糸の下に出す。

3 右手にかけた糸で表編みをする。

4 次の目は配色糸の上に針を出して表編みをする。1目ごとに配色糸の位置を変えることで糸が交差して厚地の編み地になる。

◆ 裏編み

1 左手の配色糸で裏編みをしたら糸はそのまま表に出しておく。

2 右手に構えた糸で表編みをする。

3 左手の配色糸で裏編みをする。模様に合わせて裏編み部分では編み糸をそのまま表に出して編み進む。

縄編み(交差編み)

アランセーターに使われる編み地。
別針に目を移さなくても編めるテクニックをご紹介。

◆ 1目左上交差編み

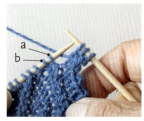  

1 左針の2目の部分をこれから右上交差編みにする。

2 2番めの目(b)に針を入れて表編みをする。

3 2番めの目(b)が編めたところ。

4 3の状態から続けて左針の最初の目(a)を表編みにすることで左上交差編みができる。

*1目右上交差編みは107ページを参照。

◆2目左上交差編み

1 糸を手前にして2目を右針に移す。

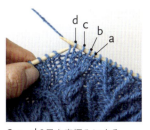
2 c・d 2目を表編みにする。

3 1で移したa・b 2目の裏側に左針を差し込む。

4 編んだ目(c・d)の下を押さえて右針から4目(a・b・c・d)外す。

5 外したc・d 2目を右針に戻し、1で移した2目a・bを編む。

◆2目右上交差編み

1 左針の4目を右上交差編みにする。まず最初の2目を右針に移す。

2 次の2目(c・d)を表編みにする。

3 1で移した2目に手前から左針を差し込む。

4 編み終わった目(c・d)を押さえて右針から4目を外す。左針にはまだ編んでいない2目a・bがかかっている

5 針から外れている編み終わった2目(c・d)を右針に移す。

6 左針の2目を編む。

73

縁編み

● **鎖の縁編み** 50ページの作品に使われているテクニック。

1 細編みと足の長い細編みを編んで縁編みをする。

2 1で編んだ縁編みの次の段は細編みだけで縁編みをする。

3 赤で縁に鎖を3目編んだら手前に置き、草色で細編み、続けて鎖3目編む。

4 草色の鎖編みを手前に置いて、休ませてあった赤の鎖編みを針に取り、細編み、鎖3目編む。

5 3、4をくり返して縁編みをする。

6 縁編みの出来上がり。

● **3色のブレード編み** セテスダールのセーターには美しい刺繍やブレードをつけて仕上げるが、本書の作品では編んで同じ雰囲気を出している。

1 3本の糸で順番に裏編みをするがそのとき糸は表側に出したままにして編み終わった糸は下げておき、次に編む糸は残りの糸の上から渡して編む。

2 1の要領で順番に裏編みをする。

3 ブレードの半分が編めた状態。

4 裏から編んでブレードの完成となる。針にかかった同じ糸で今度は表編みにするが、糸は他の2本の糸の下から持ち上げて編む。

5 他の糸も同様に編む。

6 ブレードの完成。

◦縄編みを編みつける縁編み

縁の飾りを別に編みながら身頃に編みつける方法はいろいろなところに応用がきく嬉しいテクニックで14ページの作品に使用。

◆裏から編みつなぐ

1 縁編みを1目残すまで編む。

2 残った目を右針に移してその針で表から同じ段の渡り糸を拾う。

3 拾った目と残った目を左針に移し、裏編み2目一度で編む。

4 縁編みと本体がつながった状態。

◆表から編みつなぐ

5 渡り糸を左針で拾う。

6 拾った目と縁の最初の目を表編み2目一度で編む。

7 表からと裏からを交互に編んでつないでいくが、表から縄編みをする段では縁編みだけを編む。

スティーク

フェアアイルセーターだけではなくノルウェーでも行われている、輪編みで編む編み込みセーターやカーディガンに使われるテクニック。ここでは小瀬さん考案の簡単な方法をご紹介。

1 1段輪で編んできたら右針に糸を4回巻きつける。編み込みの場合は同じ段で使った編み糸2本を巻く。

2 前の段で巻きつけた左針の糸はほどく。

3 針に糸を巻いた状態で編み進む。

4 段の最後に来たらまた針に糸を巻き、2・3をくり返す。

5 糸が渡った状態。1段に2本の糸が渡っている。

6 糸をカットする。

7 1段に2本の糸が渡っているのでこの2本を結ぶ。

8 結び目は縁編みの中に隠す。

筋編み

コルソナスセーターに使われている編み方。
一般的に表からグルグル編むため、模様が斜めになるが
それを解消する方法を考えた小瀬流輪編み筋編みテクニック。

●筋編みを輪で編む

1 編み目頭の鎖部分の向こう側だけにかぎ針を差し込む(写真は表から編んでいるところ)。

2 糸を引き出し、細編みの要領で編む。

3 段の最後では前の段の目の頭の鎖部分に針先を差し込む。

4 糸をかけて引き抜き、1段目が編み終わる。

5 鎖編みを1目編む(立ち上がりの鎖目)。

6 裏に返して今度は裏から筋編みを編む。

7 表から編むときと同じ動きで針を表から頭の鎖手前(裏から見ると手前になる)に差し込む。

8 糸をかけて表から編むときと同様に細編みの要領で編む。

9 段の最後は表から編むときと同様に、前の段の最後の目の頭の鎖に表から針先を差し込み、引き抜いて鎖1目編む。また持ち替えて表から編む。

◆編み込みの場合

1 糸変えのタイミングは色が変わる前の目を編むとき、糸を引き抜くときに糸を変える。こうすると針にかかった目が次の目の頭の鎖になる。

2 編まない糸は針の上に渡るようにセットして編むことで糸を編みくるむことができる。

3 編み糸の位置は変えないようにして編む。

ガンジーセーターの肩はぎ

細い糸でしっかり編まれたガンジーセーターは労働着なので肩も伸びない工夫がされている。

1 接ぐ前の状態。手前が前身頃、向こう側が後ろ身頃。

2 かぎ針に手前（前身頃）からと向こう（後ろ身頃）から1目ずつ拾う。

3 後ろ身頃側の目を前身頃側の目に通して引き抜き（目通し）、糸をかけて引き抜く。

4 2と同様に2目をかぎ針に移す。

5 3と同様に後ろ身頃の目を前身頃の目に通して引き抜く。

6 次に糸をかけて2目まとめて引き抜く。4～6をくり返す。

7 肩はぎの出来上がり。

アラン模様ロングベスト →p.10-11

* **材料**
  ておりやオリジナルウール 生成り(35) 500g 18mm径ボタン 5個
* **用具**
  4号・5号棒針(身頃用) 3号棒針(裾、前立て)
* **ゲージ**
  29目×35段=10cm(平均)
* **出来上がり寸法**
  裾回り:115.5cm 胸囲:105.5cm 丈:78.5cm
* **作り方ポイント**
  ◆ 作り目は別糸で作り目をして1目ゴム編みから編み始める(70ページを参照)
  ◆ 裾から順に5号針、4号針で身頃を編むが前身頃では前立ての部分だけは3号針に変えて編む
    後ろ衿分24段を続けて編み、後ろ中心ではぎ合わせ、後ろ衿ぐりとつなぎ合わせる
  ◆ 脇はポケット口をあけた状態ですくいとじで合わせる
  ◆ ポケットは60目作り目して36段編み、減らし目をしてポケット袋を編む
    底は引き抜きはぎ、ポケット口までをすくいとじにし、脇のポケット口にすくいとじでつける

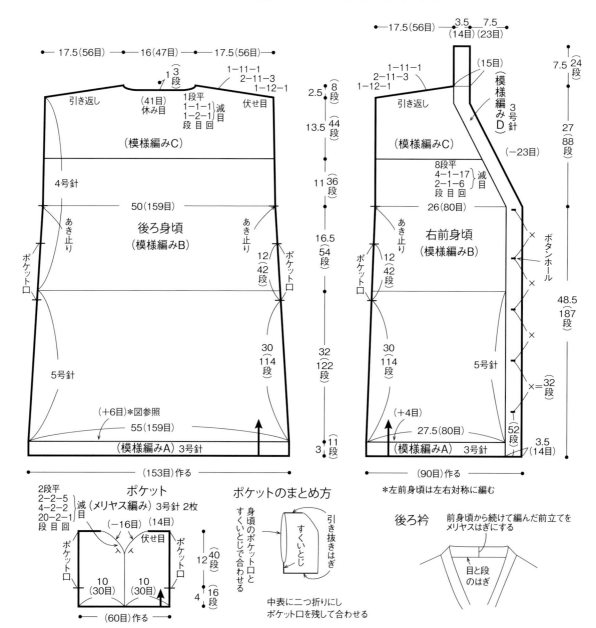

=中上裏目2目で左右1目交差

模様編みC

模様編みB

模様編みA

8目12段1模様　8目4段1模様　12目4段1模様　4目10段1模様　12目16段1模様　7目8段1模様　9目16段1模様

↑中心　*中心から左右対称に配置して編む
[Q]=ねじり増し目

8目1模様

□=[l]

次のページに続く

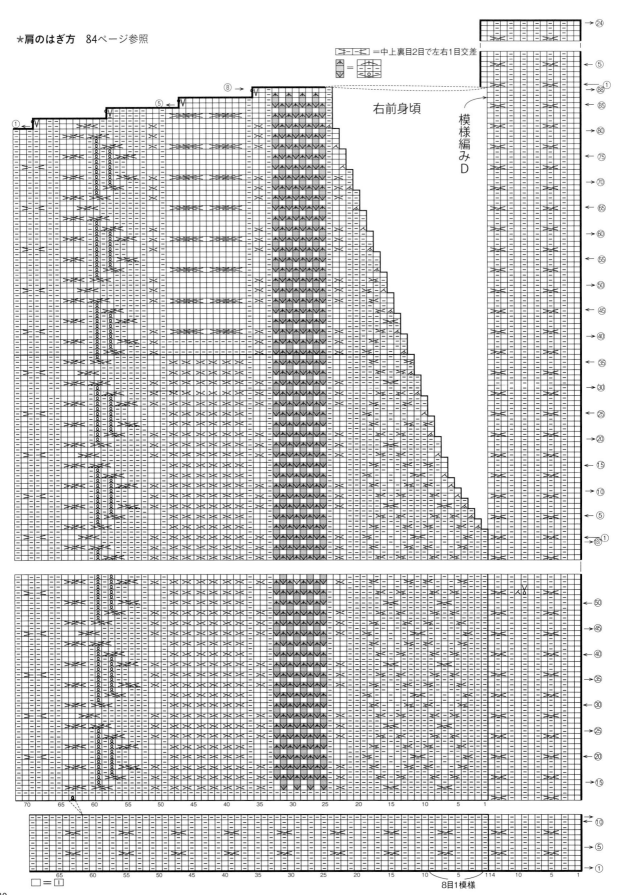

カシミヤ両面縄編みマフラー →p.16

★材料
恵糸や カシミヤ100%16番4本撚り オリーブ 70g

★用具
4号棒針 3/0号かぎ針

★ゲージ
42目×37段＝10cm

★出来上がり寸法
幅:12cm 長さ:92cm

★作り方ポイント
◆ かぎ針で作り目をする(69ページ参照)
◆ 編み図で色のある部分は裏を編むときの交差編みで、実際に編むときは表目の交差になる
◆ かぎ針で引き抜き止めをして仕上げる
◆ 端のすべり目は、糸を針の向こう側に置いて、右針を表編みするように差し込む

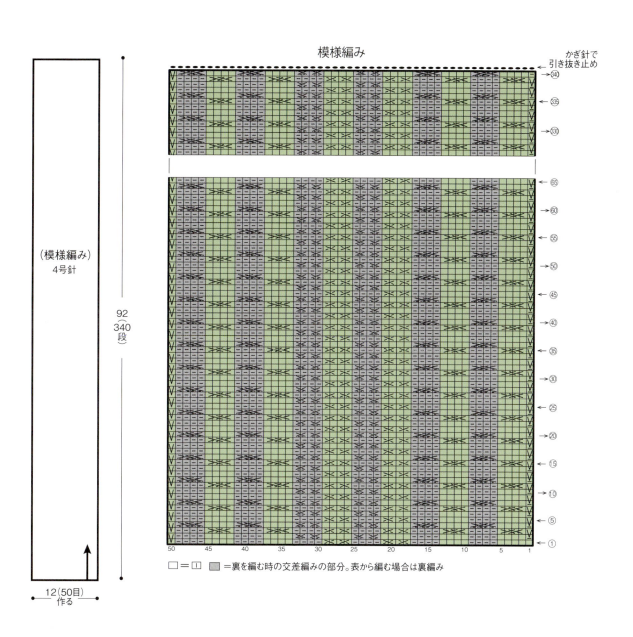

アラン模様ブルーベスト →p.12

★材料
オステルヨートランド ヴィーシェ 青(22) 200g

★用具
5号棒針 3号輪針 4/0号かぎ針

★ゲージ
24目×35段＝10cm(平均)

★出来上がり寸法
胸囲:92cm 前身頃丈:50.5cm 後ろ身頃丈:55.5cm

★作り方ポイント

◆ 作り目は別糸で作り目をして模様編みから編み始める

◆ 裾は作り目から目を拾ってガーター編み4段、1目ゴム編みを前は8段、後ろは30段編み、編み終わりは1目ゴム編み止め

◆ 脇は袖下から裾のガーター編みまでをとじ合わせる

◆ 衿ぐりは前中心と後ろ中心の8目を身頃から模様が続くように編む。その他は1目ゴム編みで編んで折り返し、身頃にとじつける

◆ 袖ぐりは肩の部分に衿ぐりと同じように縄編み模様を入れ、それ以外は1目ゴム編みを輪に編み、編み終わりは1目ゴム編み止め(107ページを参照)

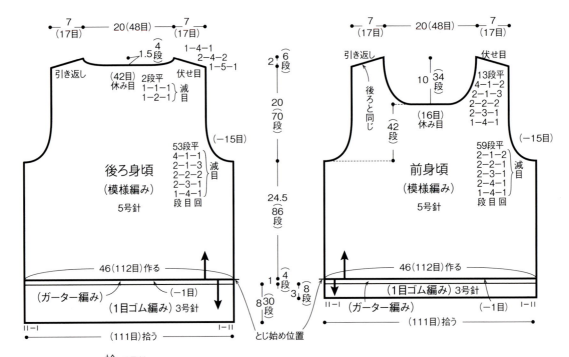

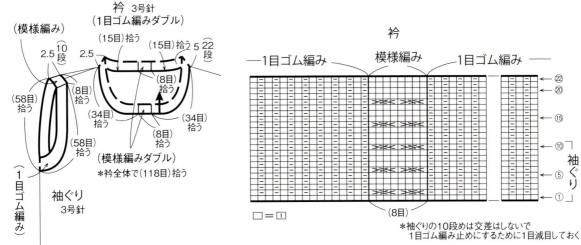

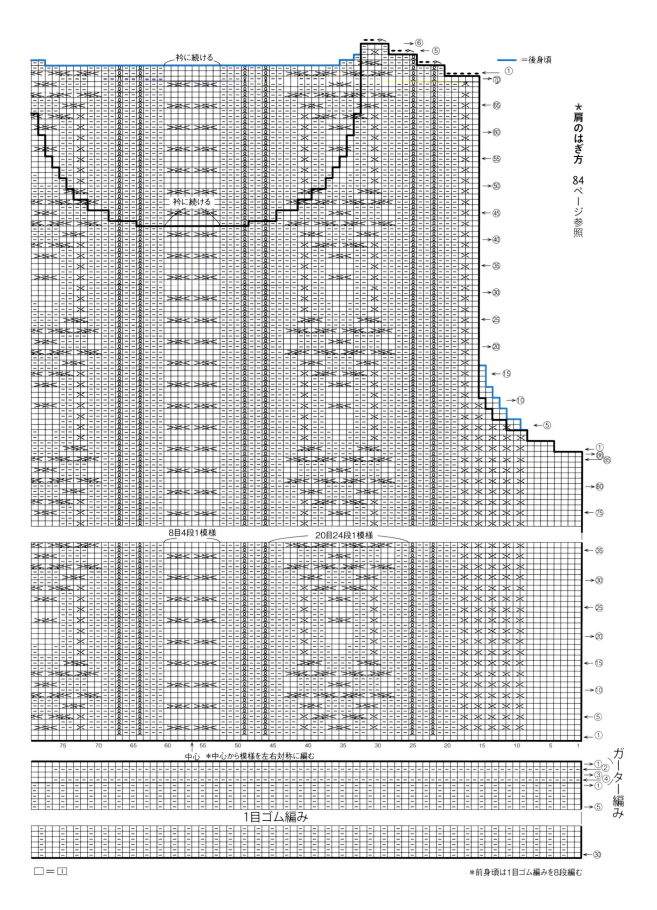

アラン模様生成り男性用ベスト →p.14

★材料
ておりや オリジナルウール 生成り(35) 300g

★用具
3号・5号棒針

★ゲージ
27.5目×34段=10cm(模様編み)

★出来上がり寸法
胸囲:104cm 丈:57cm

★作り方ポイント
- かぎ針で作り目をして5号針で身頃を編む
- 作り目から目を拾って3号針で1目ゴム編みを編む。編み終わりは1目ゴム編み止め(107ページ参照)
- 肩はぎは、伏せ目した肩を手前にして編み地を中表に合わせ、手前の衿ぐり側から棒針を差し入れて拾い目の要領で、引き返し編みの目を伏せ目の下から順に引き出し(かけ目は次の目と一緒にすくう)伏せ止めにする
- 肩をはいだ後、3号でトリミングテープを編みながら袖ぐりに編みつけ(75ページ参照)、脇をとじ合わせる
- 衿ぐりは後ろ中心からトリミングテープを編みつけ、最後にとじ合わせる

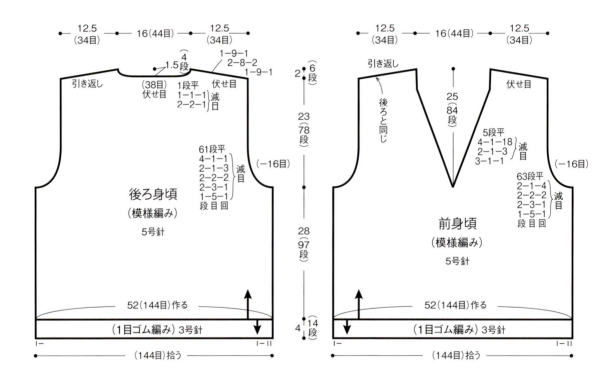

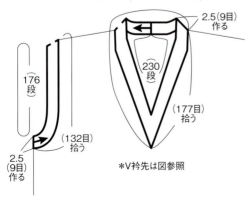

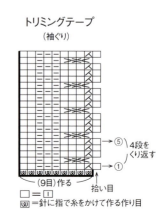

V衿先の引き返し編みと
トリミングテープ

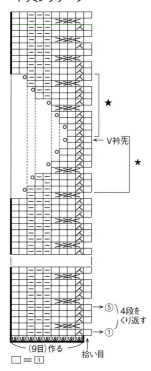

V衿先引き返し編みの編み方
（青字は裏から編む段）

★かけ目・表3目・裏3目・裏編み2目一度
2目一度・表3目・裏1目・表1目
かけ目・表2目・裏3目・裏編み2目一度
右上2目交差
かけ目・裏3目・裏編み2目一度
2目一度・表2目
かけ目・裏2目・裏編み2目一度
2目一度・表1目
かけ目・裏1目・裏編み2目一度
★2目一度・表1目
かけ目・裏1目・裏編み2目一度
2目一度・表1目・次の3目を3目一度
かけ目・裏2目・裏編み2目一度
右上2目交差
（4番目の目は3目を3目一度にする）
かけ目・裏3目・裏編み2目一度
2目一度・表3目・次の3目を裏編み3目
一度・表1目
かけ目・表2目・裏3目・裏編み2目一度
右上2目交差・裏1目・表1目・次の3目を
裏編み3目一度
かけ目・表3目・裏3目・裏編み2目一度
2目一度・表3目・裏1目・表1目・裏1目・
次の3目を3目一度・表1目

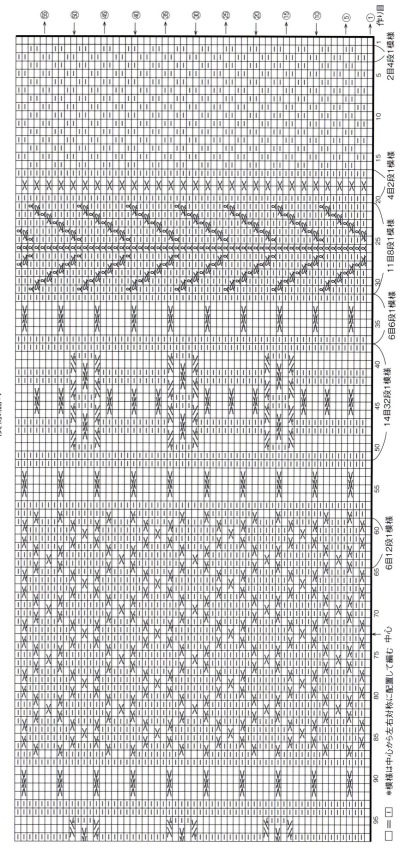

模様編み

アラン模様キャップ →p.17

★材料
ハマナカ ボニー 青(462) 120g

★用具
7号棒針 7号輪針

★ゲージ
28目×27段=10cm(模様編みA)

★出来上がり寸法
頭囲:54cm 深さ:22cm(ポンポンを除く)

★作り方ポイント
◆ アラン模様の側面を編んだらはぎ合わせて輪にする
◆ アラン模様の側面から112目拾って編み図に従ってトップを輪に編む
◆ ポンポンを作って縫いつける

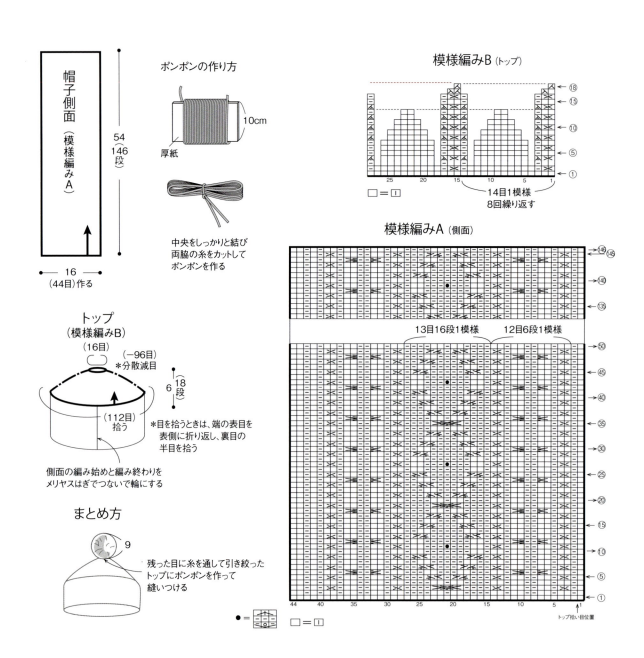

フェアアイル →p.18-21

★材料
パピープ リティッシュファイン
<ナチュラル> 生成り(01) 75g 濃青(07) 50g 薄茶(40) 75g チャコール(24) 75g 焦茶(22) 75g 濃緑(34) 25g
<カラフル> 生成り(01) 75g 濃青(07) 25g 黄土色(35) 75g ピンク(31) 75g ワインレッド(04) 75g
濃緑(34) 50g 灰緑(28) 75g からし色(65) 25g グレー(09) 75g 焦茶(22) 25g

★用具
2号・4号輪針

★ゲージ
26目×29.5段=10cm

★出来上がり寸法
胸囲:90cm 丈:52cm

★作り方ポイント
◆ 別糸で作り目をして裾を輪に12段編んだら作り目の糸をほどき、ダブルにして2目一度にする
◆ 身頃は4号輪針で輪に編み、袖ぐり、衿ぐりの部分では75ページを参照して糸を巻いて編み進み、編み上がってから糸を切って結ぶ
◆ 袖ぐりの左側の伏せ目はかぶせ減し目にする(6目伏せ目の場合:7目手前まで編み、右針に5目移し、
左針の2目の左目を右針にかぶせたら、右針から1目左に移し、同じ要領で5目かぶせ、最後は2目一度で編む)
◆ 肩はぎは、伏せ目した肩を手前にして編み地を中表に合わせ、手前の衿ぐり側から棒針を差し入れて
拾い目の要領で、引き返し編みの目を伏せ目の下から順に引き出し(かけ目は次の目と一緒にすくう)伏せ止めにする

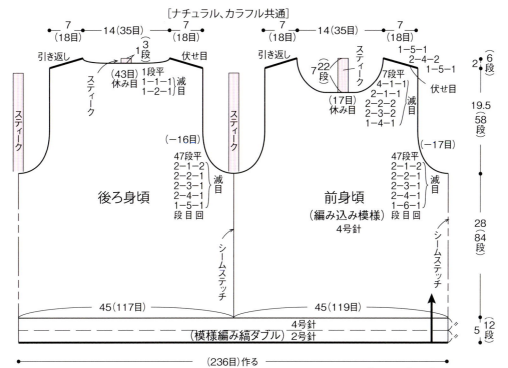

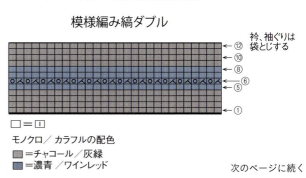

次のページに続く

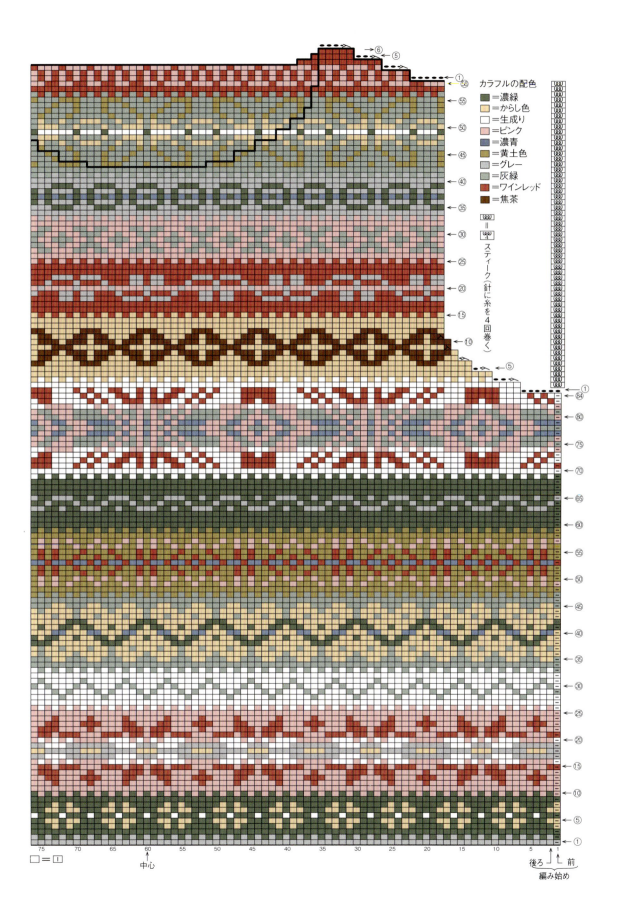

ポケット付きガンジーベスト →p.24-25

* **材料**
  ておりや オリジナルウール 紺色(40) 250g 14mm径のボタン 2個
* **用具**
  5号・3号輪針
* **ゲージ**
  21目×35段＝10cm
* **出来上がり寸法**
  胸囲:100cm 丈:57cm
* **作り方ポイント**
  - 衿はボタン止めにするので下になる6目は上の6目の裏側から重ねて拾い目をして往復編みで
    1目ゴム編みを18段、19段で2目ごとに1目増し目、22段で3目ごとに1目増し目して2目ゴム編みで更に16段編む
  - 肩は外表に合わせてかぶせはぎにする(77ページ参照)
  - 袖ぐりは休ませてあった27目を含めて全体で142目拾って1目ゴム編み、編み終りは1目ゴム編み止めにする(107ページ参照)
  - ポケットは指でかける作り目をし、図を参照して編み、指定の位置に縫いつける

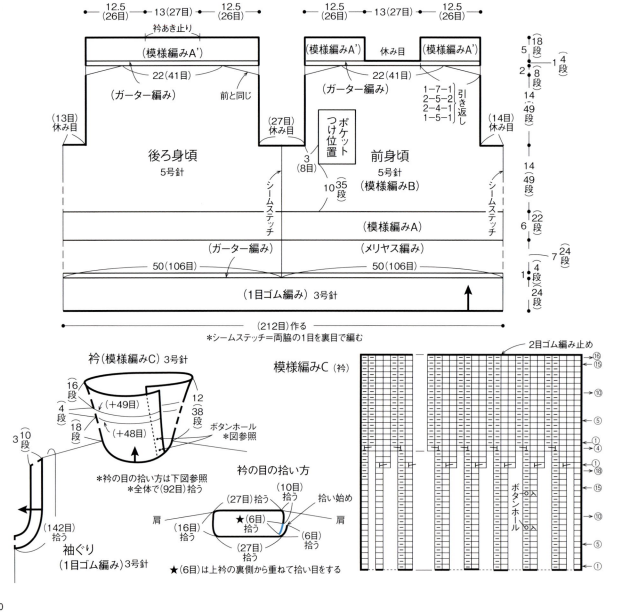

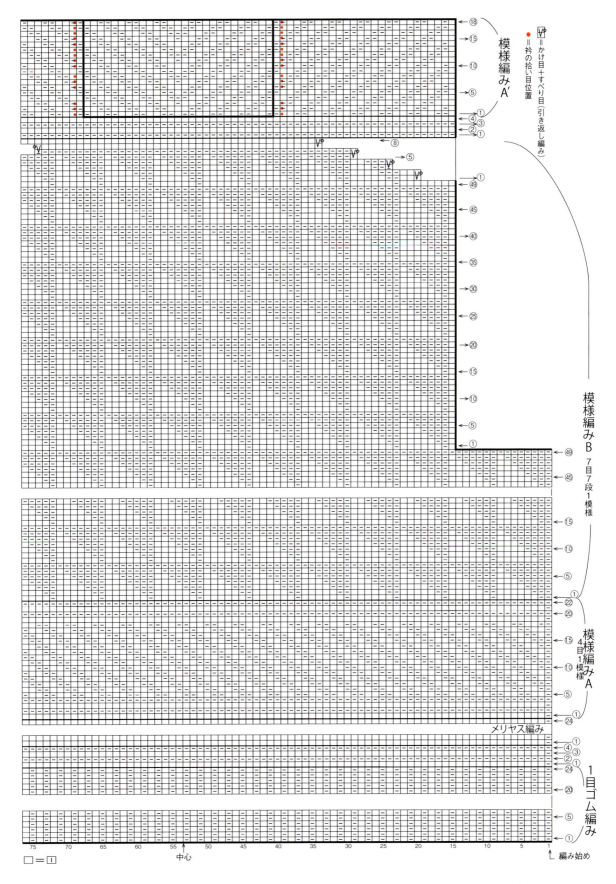

ポケットは95ページ

ポケット付きガンジーベスト →p.24-25

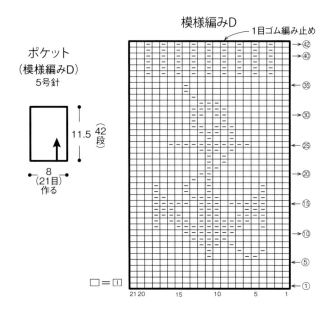

フレンチスリーブガンジー →p.22

★材料
ておりや オリジナルウール 紺色(40) 200g 15mm径ボタン 5個

★用具
3号・5号棒針 3号・5号輪針 3/0号かぎ針

★ゲージ
26目×36段=10cm

★出来上がり寸法
胸囲:100cm 丈:47cm

★作り方ポイント
- 別糸で作り目をして1目ゴム編みで編み始める(70ページ参照)
- 左肩はガーター編みの分休み目にする
- マチは79段目から2段毎に脇シームの両側に1目ずつ増し目を繰り返して21目になるまで両脇で目を増やしてマチを編み、休み目にする
- 衿を107目拾ってガーターを4段、1目ゴム編みを14段編んだら1目ゴム編み止めにする。休ませてあった左肩から続けて衿から13目拾い、図に合わせてガーター編みにして伏せ止めにする
- 前肩にはボタンホールを作り、後ろ肩の持ち出しのガーターも同様に編む
- 袖ぐりは100目拾い、輪に編んで1目ゴム編み止めにする

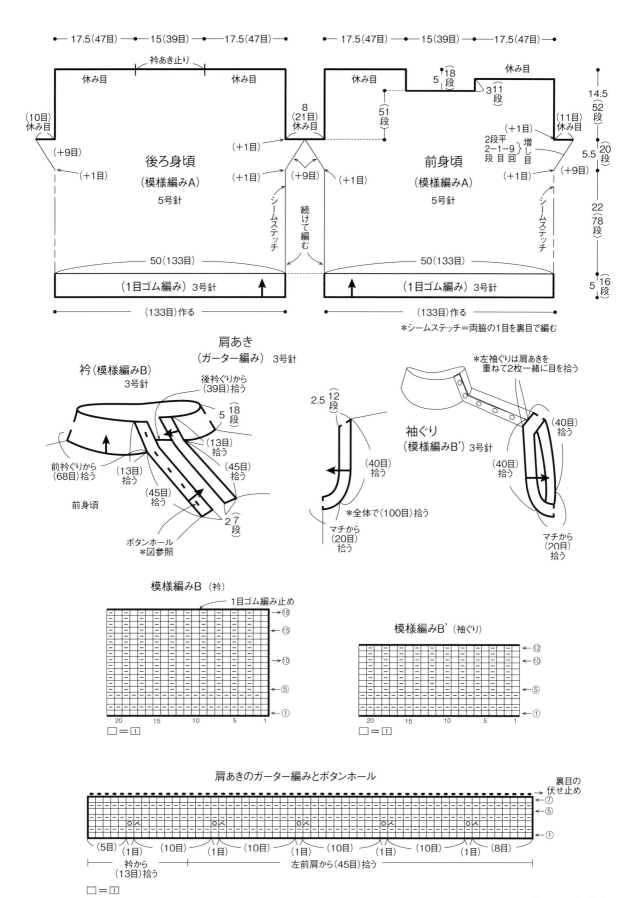

次のページに続く

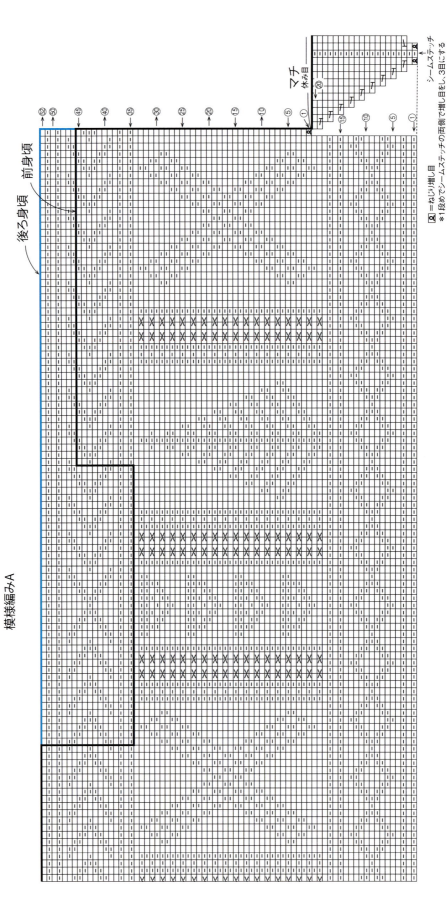

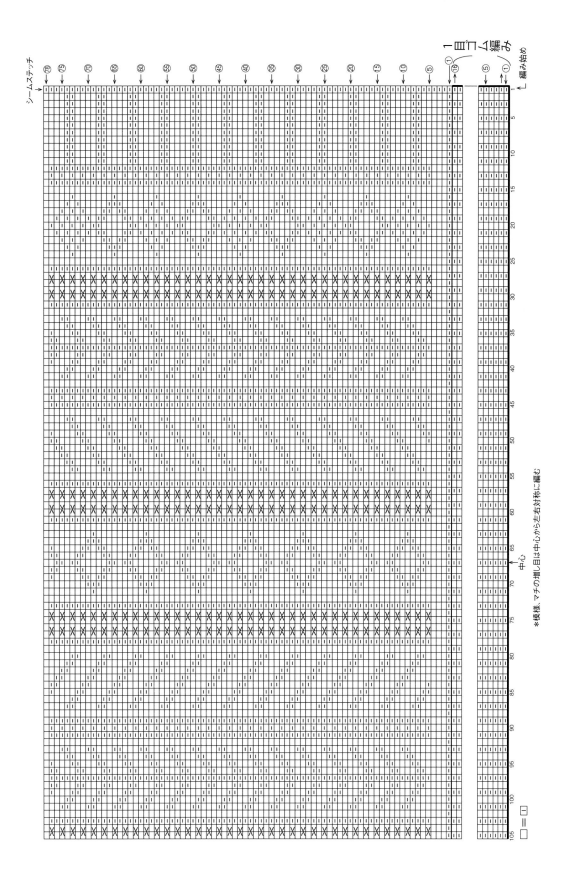

セテスダールブレード飾りベスト →p.30

✱材料
ハマナカ エクシードウール 黒(230) 150g 生成り(201) 150g 赤(210) 少々 フック 1組

✱用具
4号棒針 3号・4号輪針 3/0号かぎ針

✱ゲージ
26.5目×30段=10cm(編み込み模様)

✱出来上がり寸法
胸囲:84cm 丈:48cm

✱作り方ポイント
◆ 69ページを参照して2目ゴム編みの作り目を作る
◆ 肩はぎは、伏せ目した肩を手前にして編み地を中表に合わせ、手前の衿ぐり側から棒針を差し入れて拾い目の要領で、引き返し編みの目を伏せ目の下から順に引き出し(かけ目は次の目と一緒にすくう)伏せ止めにする
◆ 袖ぐり、衿ぐりは拾い目をしたらブレード編みを2段編み、1目ゴム編みを8段編む。編み終わりは1目ゴム編み止めにする
◆ ブレード編みは74ページを参照して3色で1段目は表から、2段めは裏から編む

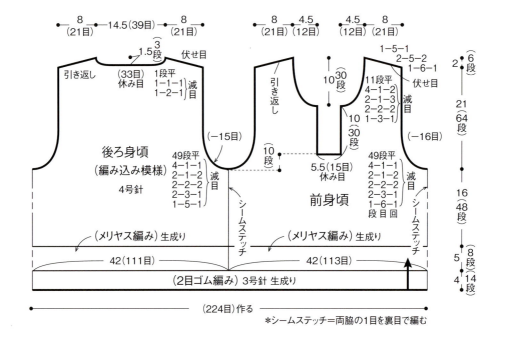

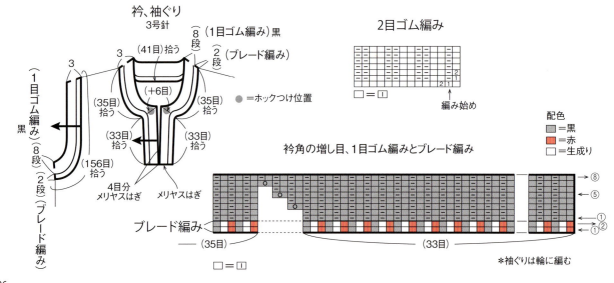

セテスダール男性用ベスト →p.32

* **材料**
  ハマナカ エクシードウール 黒(230) 300g 生成り(201) 150g
* **用具**
  4号棒針 3号・4号輪針 3/0号かぎ針
* **ゲージ**
  27目×30段＝10cm
* **出来上がり寸法**
  胸囲：94cm 丈：57cm
* **作り方ポイント**
  - 69ページを参照して2目ゴム編みの作り目を作る
  - 袖下までは4号輪針で輪編みにして袖ぐりからは4号棒針で編む
  - 肩はぎは、伏せ目した肩を手前にして編み地を中表に合わせ、手前の衿ぐり側から棒針を差し入れて拾い目の要領で、引き返し編みの目を伏せ目の下から順に引き出し（かけ目は次の目と一緒にすくう）伏せ止めにする
  - 肩をはいだら3号輪針で縁編みを編み、かぎ針で引き抜き止めをして内側に折ってまつる

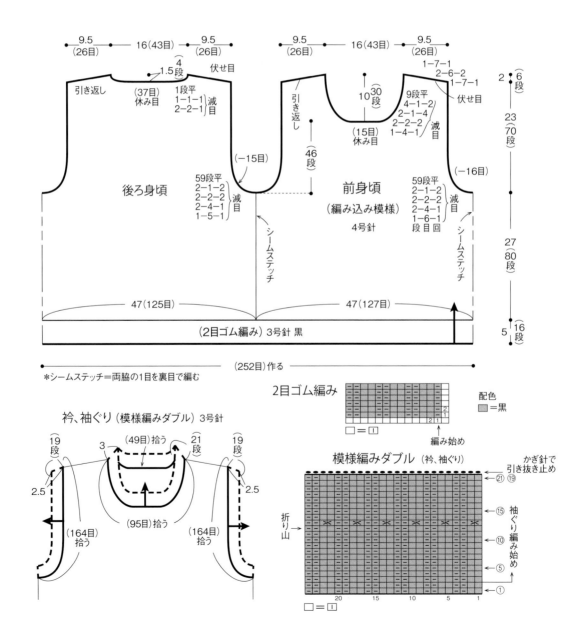

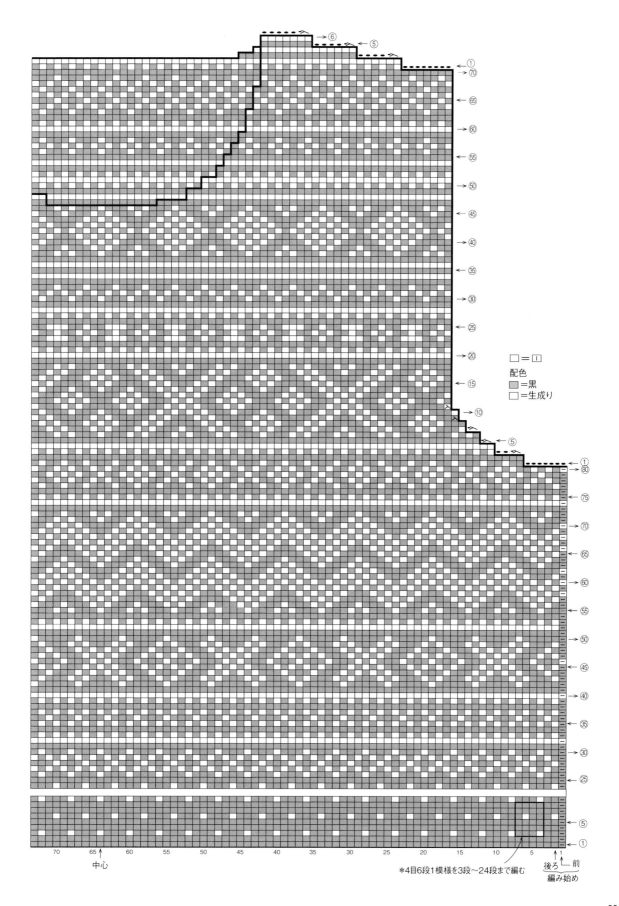

ファーナUネックベスト →p.35

★材料
オステルヨートランド ナチュラル 生成り(01) 茶色(05) 各150g

★用具
5号・6号輪針 5/0号かぎ針

★ゲージ
23.5目×30段=10cm

★出来上がり寸法
胸囲:84cm 丈:50.5cm

★作り方ポイント
- かぎ針で作り目をして5号で裾を編み込み模様Aで編み、身頃は6号で編み込み模様B〜Dを図を参照に編む
- 肩はぎは、伏せ目した肩を手前にして編み地を中表に合わせ、手前の衿ぐり側から棒針を差し入れて拾い目の要領で、引き返し編みの目を伏せ目の下から順に引き出し(かけ目は次の目と一緒にすくう)伏せ止めにする
- 袖ぐり、衿は5号輪針で編み込み模様Eを編む。編み終わりはかぎ針で引き抜き止めにする

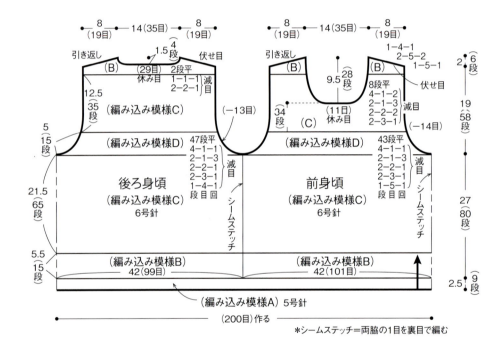

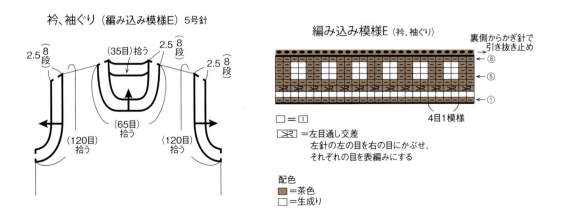

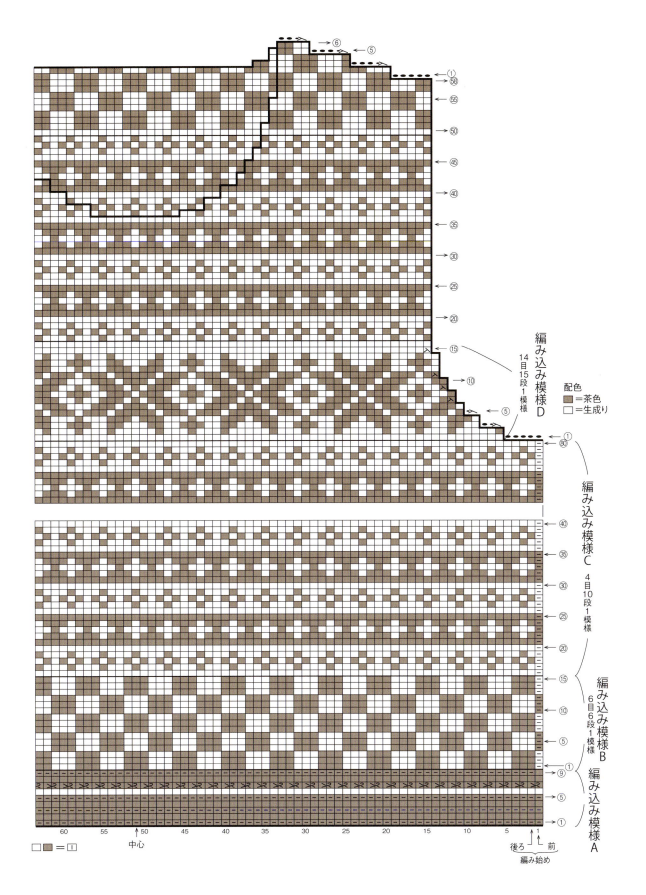

ファーナ赤&白ベスト →p.34

★材料
 <小> ハマナカ エクシードウールFL(合太) 赤(210) 110g 生成り(201) 100g 15mm径ボタン 5個
 <大> ハマナカ エクシードウールFL(合太) 赤(210) 250g 生成り(201) 200g 15mm径ボタン 5個

★用具
 <小>4号・3号棒針 3/0号かぎ針
 <大>5号・4号棒針 4/0号かぎ針

★ゲージ
 <小>26目×33段=10cm <大>28.5目×30段=10cm

★出来上がり寸法
 <小>胸囲:88cm 丈:46cm <大>胸囲:102cm 丈:49.5cm

★作り方ポイント
- かぎ針で作り目をする
- 肩はぎは、伏せ目した肩を手前にして編み地を中表に合わせ、手前の衿ぐり側から棒針を差し入れて拾い目の要領で、引き返し編みの目を伏せ目の下から順に引き出し(かけ目は次の目と一緒にすくう)伏せ止めにする

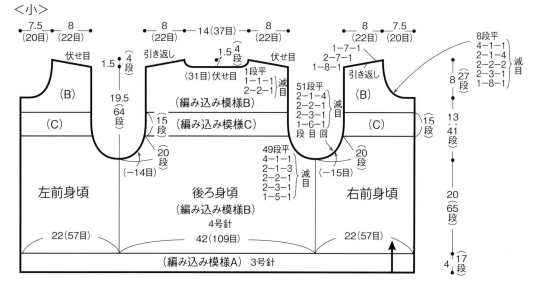

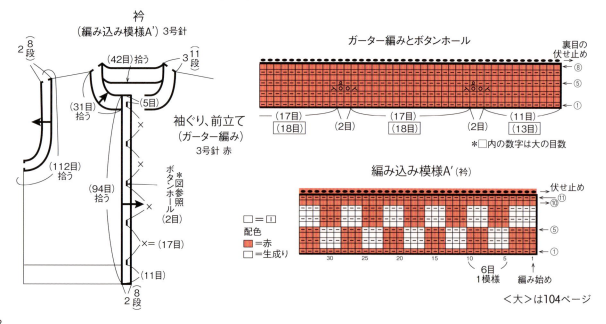

<大>は104ページ

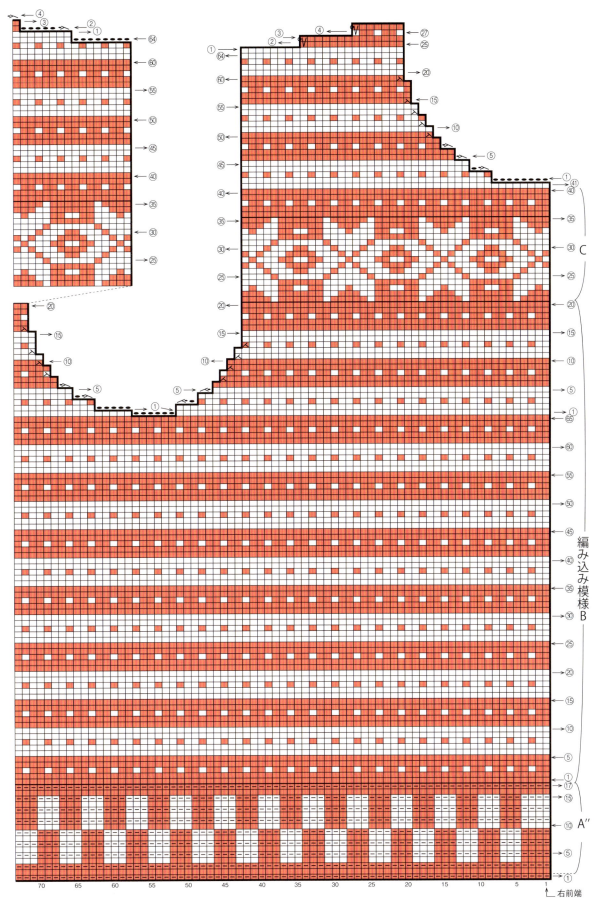

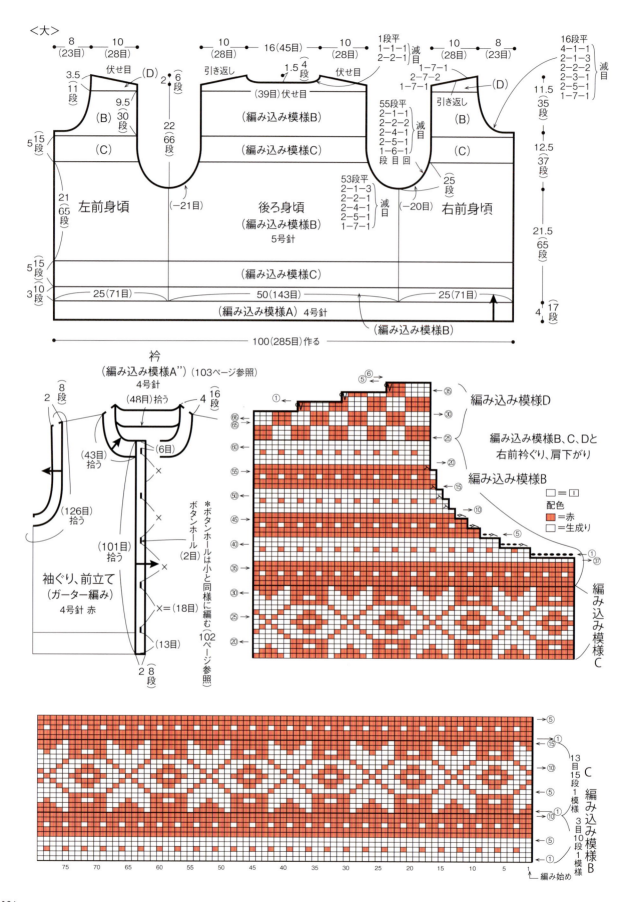

セルブパターン編み込みベスト&リストウォーマー →p.36-37

＊材料
オステルヨートランド　ナチュラル　生成り(04) 120g　茶色(05) 135g

＊用具
3号・5号輪針

＊ゲージ
24目×28.5段=10cm

＊出来上がり寸法
<ベスト>胸囲:94cm　丈:54.5cm　<リストウォーマー>手首回り:21.5cm　丈:14cm

＊作り方ポイント
◆ 作り目は別糸で作り、1目ゴム編みにする(70ページ参照)
◆ 肩はぎは、伏せ目した肩を手前にして編み地を中表に合わせ、手前の衿ぐり側から棒針を差し入れて
　拾い目の要領で、引き返し編みの目を伏せ目の下から順に引き出し(かけ目は次の目と一緒にすくう)伏せ目止めにする
◆ 縁編みは3号輪針で必要目数を拾って1目ゴム編みを8段編んで1目ゴム編み止めをして仕上げる
◆ リストウォーマーの作り目は身頃と同様にし、1目ゴム編みは3号、編み込み部分は5号で輪編みにする。
　編み終わりは1目ゴム編み止め

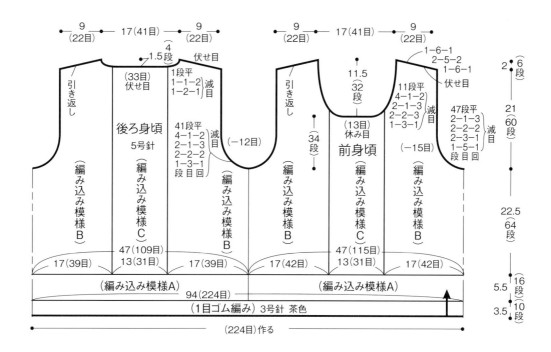

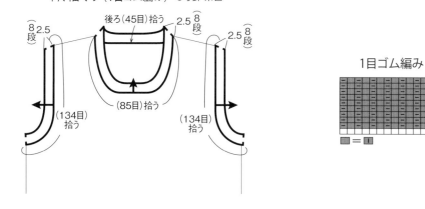

次のページに続く

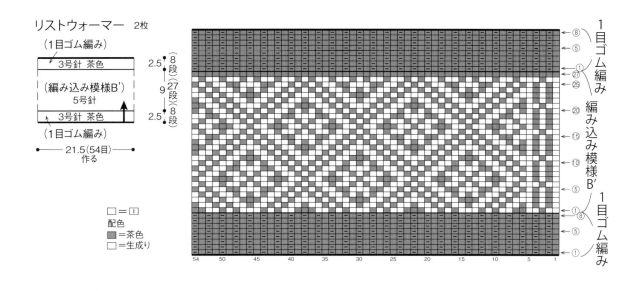

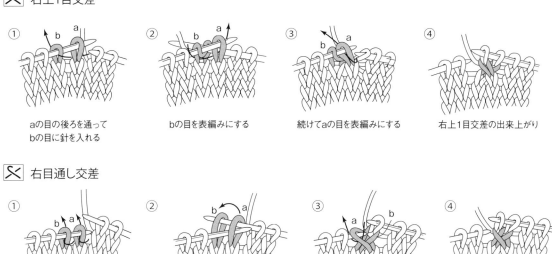

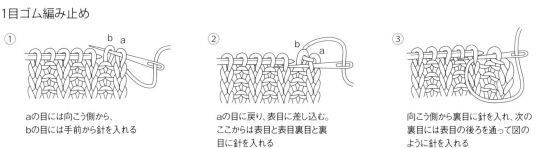

107

セルブパターン透かし編み →p.38-39

*材料
ダルマ 手編み糸 レース糸♯20 チャコールグレー(14) 225g

*用具
3号・2号輪針 2/0号かぎ針

*ゲージ
26目×36段=10cm

*出来上がり寸法
胸囲:86cm 丈:56cm

*作り方ポイント
◆かぎ針で作り目をして3号輪針で身頃を編み、後から目を拾って模様編みで裾を編み、かぎ針で引き抜き止めにする
◆肩はぎは、伏せ目した肩を手前にして編み地を中表に合わせ、手前の衿ぐり側から棒針を差し入れて
　拾い目の要領で、引き返し編みの目を伏せ目の下から順に引き出し(かけ目は次の目と一緒にすくう)伏せ止めにする
◆袖口、衿は2号針で拾い目をして縁編みを編み、かぎ針で引き抜き止めにする

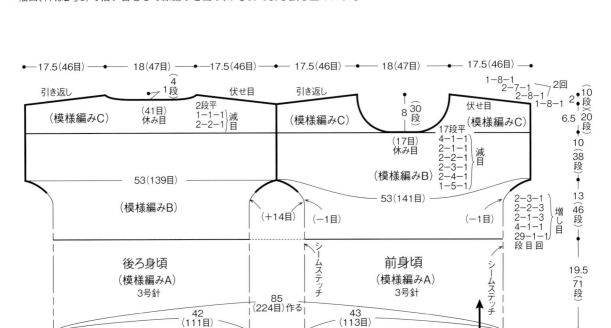

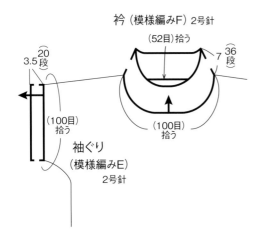

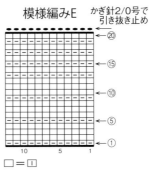

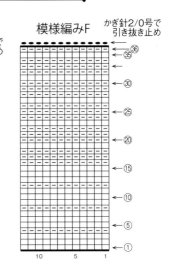

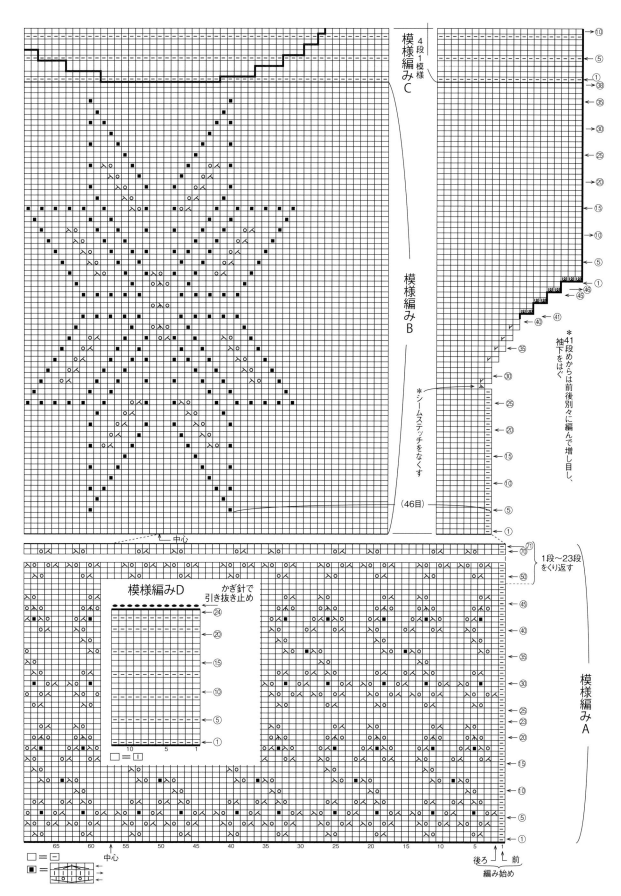

ハーランドパターンのベスト →p.44

★材料
オステルヨートランド ヴィーシェ 紺(14) 130g 青(20) 80g
★用具
4号・5号輪針 5号棒針
★ゲージ
23目×29段＝10cm
★出来上がり寸法
胸囲:84cm 丈:48.5cm
★作り方ポイント

- 別糸で1目ゴム編みの作り目をして紺で編み始める(70ページ参照)
- 袖下までは輪に編み、袖ぐりから上の身頃は別々に編む
- 肩はぎは、伏せ目した肩を手前にして編み地を中表に合わせ、手前の衿ぐり側から棒針を差し入れて拾い目の要領で、引き返し編みの目を伏せ目の下から順に引き出し(かけ目は次の目と一緒にすくう)伏せ止めにする
- 衿は4号輪針で裾と同じ模様編みにし、編み終わりは1目ゴム編み止め

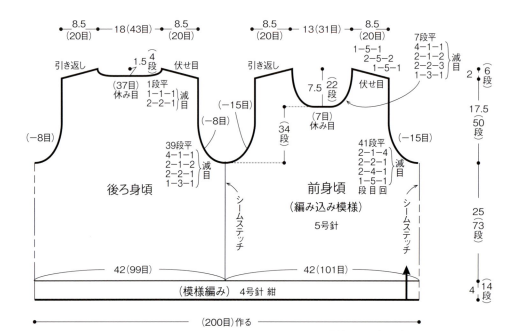

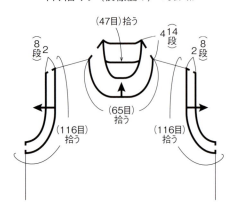

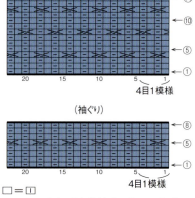

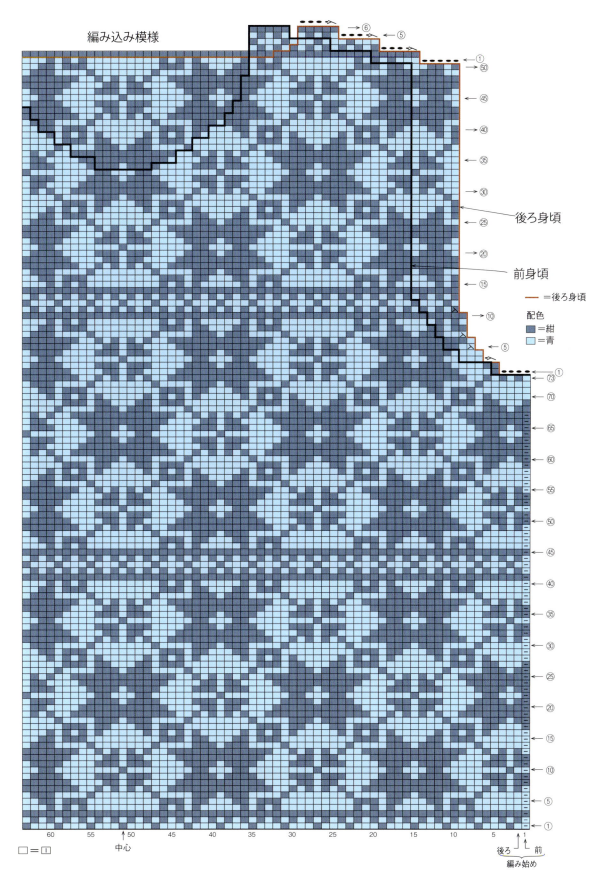

ビンゲ編み込み男性用ベスト →p.46.47

★材料
ハマナカ エクシード モスグリーン(221) 150g 若草色(246) 150g

★用具
5号棒針 4号・5号輪針

★ゲージ
26目×28段=10cm

★出来上がり寸法
胸囲:92cm 丈:62cm

★作り方ポイント
- 別糸で1目ゴム編みの作り目をして編む(70ページ参照)
- 肩はぎは、伏せ目した肩を手前にして編み地を中表に合わせ、手前の衿ぐり側から棒針を差し入れて拾い目の要領で、引き返し編みの目を伏せ目の下から順に引き出し(かけ目は次の目と一緒にすくう)伏せ止めにする
- 肩をはいだら衿ぐり、袖ぐりを1目ゴム編みで編む
- V衿の中心では中上3目一度で編む(中央の3目のところに来たら左針の2目を右針に表編みをするように移し、左針の1目を表編みにしたら、右針の2目をかぶせる)

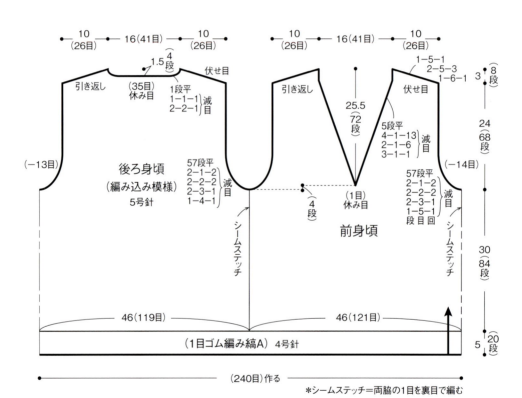

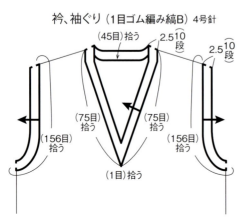

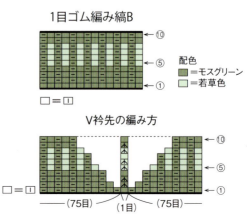

ダーラナのツィンドニッティング　→p.48

★材料
ておりや オリジナルウール　赤(14) 120g　グリーン(19) 100g

★用具
3号・4号棒針　4号・3号輪針　3/0号かぎ針

★ゲージ
26目×26段＝10cm（編み込み模様B）

★出来上がり寸法
胸囲:92cm　丈:47cm

★作り方ポイント
- 作り目はかぎ針で作る
- 身頃の編み込み模様Aはツィンドニッティングの編み方で編む(72ページ参照)
- 衿ぐり、袖ぐりともに3号針でテープ(緑)を編んで輪にしてしておく
- 衿ぐりと袖ぐりは指定の目数を赤で拾って3号輪針でガーター編みにして、テープを4段で3目の引き抜きで止めつけながら伏せ止めにする。テープは表編み3目の部分が表に出るようにセットする
- テープの4目の部分は身頃内側に目立たないようにまつりつける

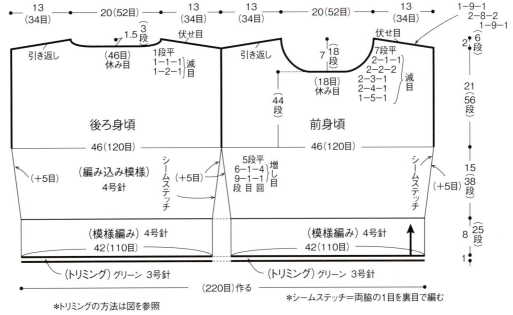

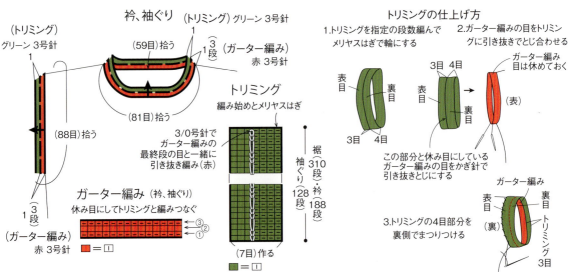

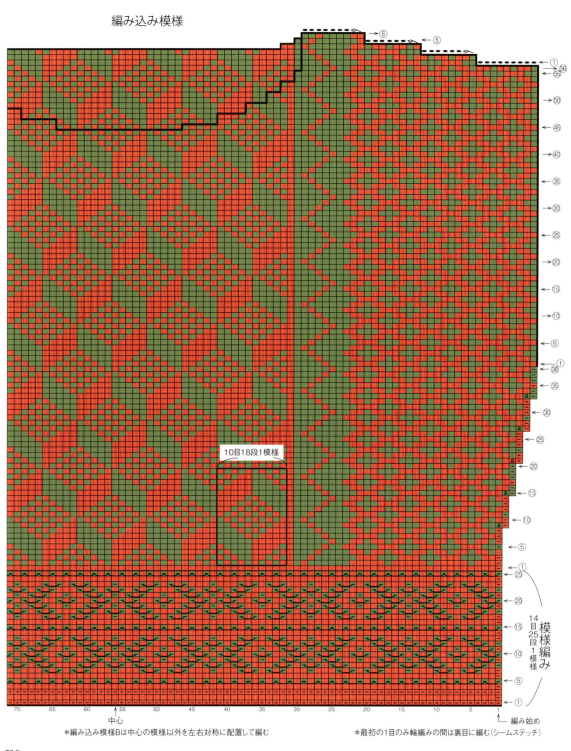

編み込み模様

配色
■=赤
■=グリーン

編み込み模様A

ダーラナの編み込み前あきベスト →p.50-51

*材料
横田 スーパーウオッシュメリノ 赤(6) 300g グレー(8) 70g

*用具
2号棒針 2/0号かぎ針

*ゲージ
28目×42段=10cm

*出来上がり寸法
胸囲:89.5cm 丈:51.5cm

*作り方ポイント

◆ 裾の作り目は共鎖の作り目で作る
◆ 身頃下の編み込み模様は1つ分として配色糸が70cm必要で、たてに糸を渡す編み込みで編む
◆ ヨーク部分の編み込みは渡り糸を編みくるむ編み込みで編む
◆ 肩はぎは、伏せ目した肩を手前にして編み地を中表に合わせ、手前の衿ぐり側から棒針を差し入れて拾い目の要領で、引き返し編みの目を伏せ目の下から順に引き出し(かけ目は次の目と一緒にすくう)伏せ止めにする
◆ 縁編みは74ページを参照して編む

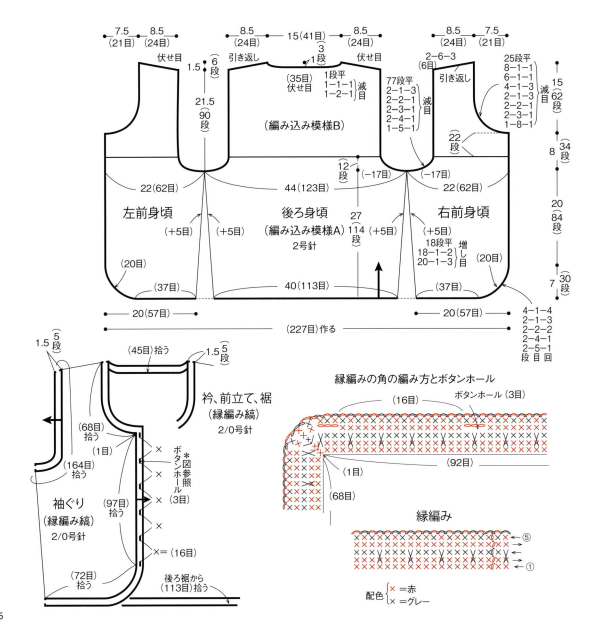

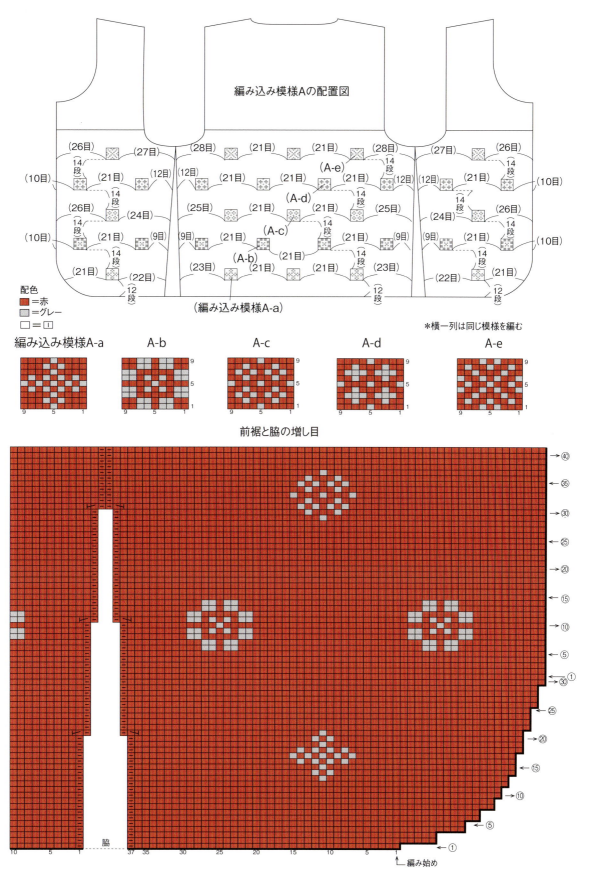

次のページに続く

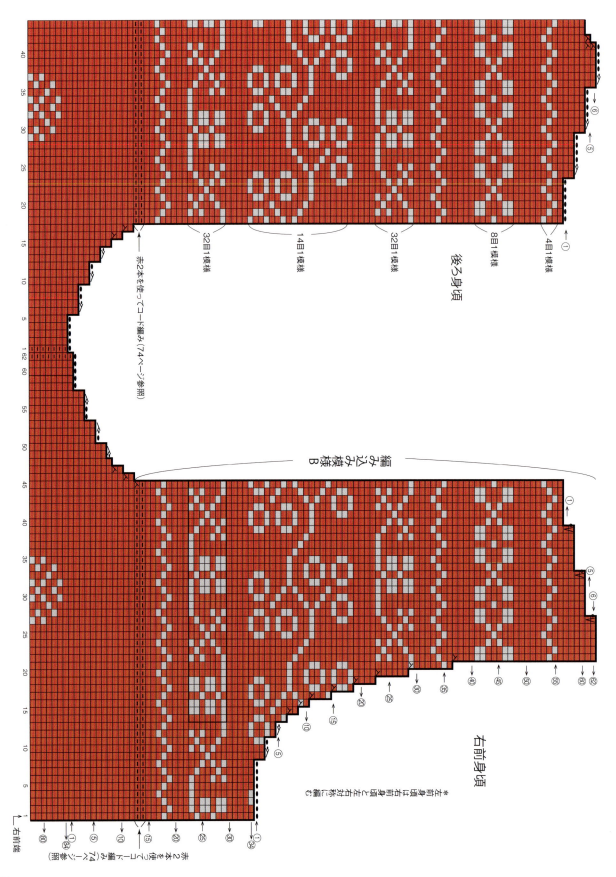

リバーシブルスカーフ →p.53

* **材料**
  横田 スーパーウォッシュメリノ グリーン(3) 60g
  グレー(8) 60g 赤(6) 少々
* **用具**
  2号棒針または60cm輪針2本
* **ゲージ**
  30目×41段＝10cm
* **出来上がり寸法**
  幅:13cm 長さ:84.5cm
* **作り方ポイント**
  ◆ 70ページを参照して作り目をして赤で袋編みにする
  ◆ 2色を使って模様を袋編みにする(71ページ参照)
  ◆ チェッカー柄を編んだらカーネーションの模様を5模様編み、残りは31段の縞柄を5模様編み、チェッカー柄と続け、最後は赤で袋編みにする
  ◆ 編み終わりはメリヤスはぎにする

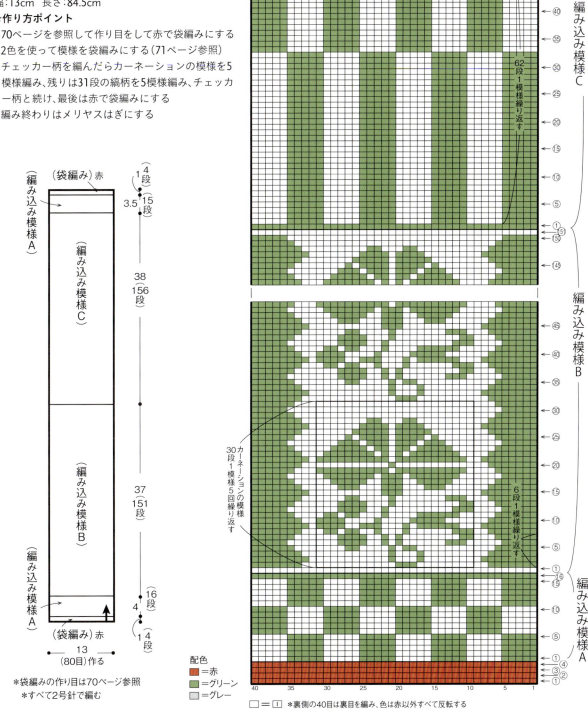

*袋編みの作り目は70ページ参照
*すべて2号針で編む

□＝□ *裏側の40目は裏目を編み、色は赤以外すべて反転する

ヘルシングランドのパターン編み込み →p.52

* **材料**
  横田 ウールアルパカ グレー(8) 90g 黒(9) 90g
* **用具**
  4号・5号棒針　4号・5号輪針　4/0号かぎ針
* **ゲージ**
  22目×25段＝10cm
* **出来上がり寸法**
  胸囲:92cm　丈:51.5cm
* **作り方ポイント**
  ◆ 裾は、かぎ針で作り目をして編み始める
  ◆ 肩はぎは、伏せ目した肩を手前にして編み地を中表に合わせ、手前の衿ぐり側から棒針を差し入れて
  　拾い目の要領で、引き返し編みの目を伏せ目の下から順に引き出し(かけ目は次の目と一緒にすくう)伏せ止めにする
  ◆ 衿、袖ぐりの縁編みは4号輪針で編み、裏目を編んで伏せ止めにする

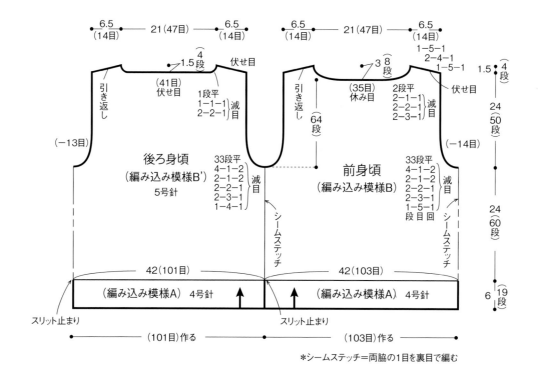

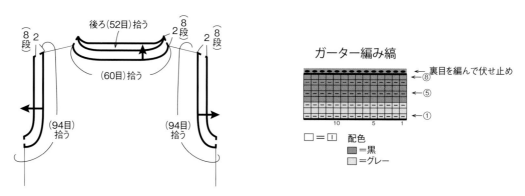

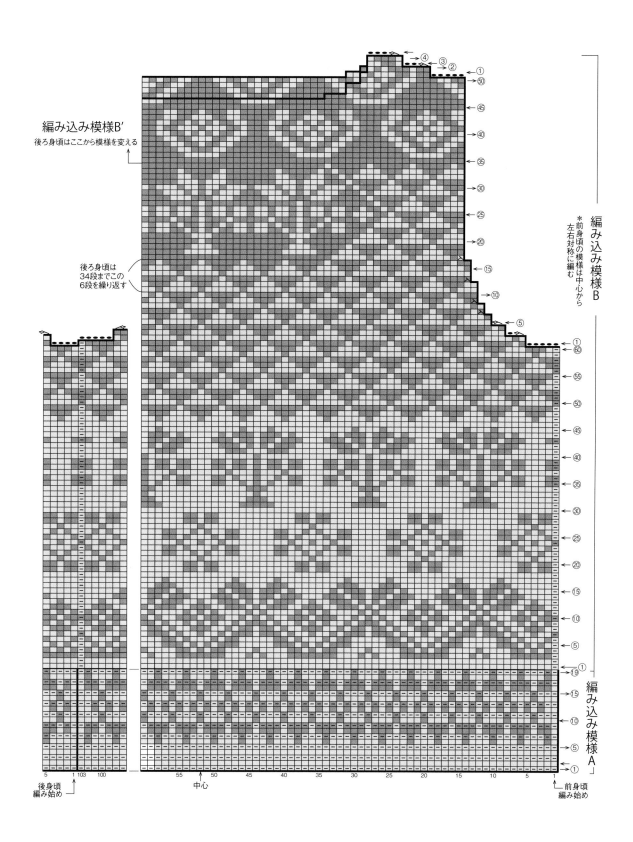

デンマークナットトイヤー →p.56-57

★材料
イサガー ジェンセンヤーン グレー(2929) 200g
★用具
5号棒針 3号・5号輪針 4/0号かぎ針
★ゲージ
25目×31段=10cm
★出来上がり寸法
胸囲:86cm 丈:47cm
★作り方ポイント
- 作り目はかぎ針を使って作る(69ページ参照)
- 肩はぎは、伏せ目した肩を手前にして編み地を中表に合わせ、手前の衿ぐり側から棒針を差し入れて拾い目の要領で、引き返し編みの目を伏せ目の下から順に引き出し(かけ目は次の目と一緒にすくう)伏せ止めにする
- 衿、袖ぐりのガーター編みはかぎ針を使って引き抜き止めにする

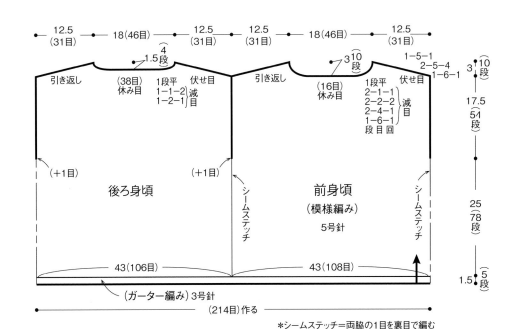

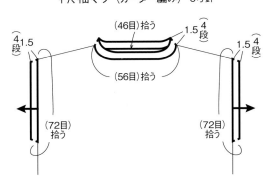

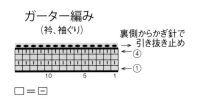

デンマークダマスクパターン編み込み →p.58-59

*材料
クリッパン TUNA 茶色(3037) 110g 黒(3099) 100g

*用具
3号・5号輪針

*ゲージ
22目×23段=10cm

*出来上がり寸法
胸囲:80cm 丈:58.5cm

*作り方ポイント
◆69ページを参照して別糸で鎖編みで作り目をする1目ゴム編みの作り目から編み始める
◆肩はぎは、伏せ目した肩を手前にして編み地を中表に合わせ、手前の衿ぐり側から棒針を差し入れて拾い目の要領で、引き返し編みの目を伏せ目の下から順に引き出し(かけ目は次の目と一緒にすくう)伏せ止めにする
◆衿は全体で35段編むが、最初の11段の模様編みは表面から交差編みをし、続けて1目ゴム編みを編み、上の10段の模様編みは針を持ち変え、裏面を表にしながら模様を編む

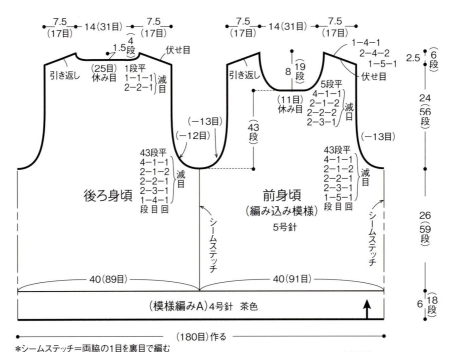

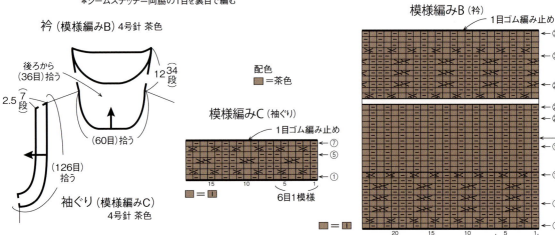

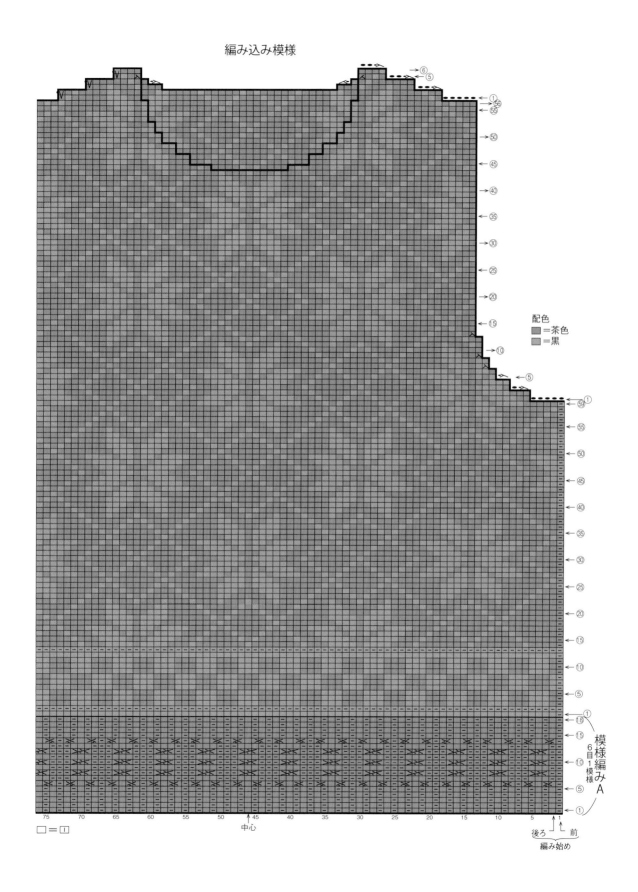

コルソナスベスト →p.62

＊材料
ておりや オリジナルウール 赤(01) 100g グリーン(18) 76g 黄土色(29) 30g
白(35) 76g

＊用具
3/0号・4/0号かぎ針 3号輪針

＊ゲージ
編み込み模様A,C 24.5目×21段＝10cm
編み込み模様B 24目×33段＝10cm

＊出来上がり寸法
胸囲:88cm 丈:55.5cm

＊作り方ポイント
◆ 4/0号かぎ針で鎖編みをして1段めは細編みにし、最初の目に引き抜き編みをしたら2段めからは76ページを参照して編み込み模様Aを細編みの筋編みで輪に編む
◆ 編み込み糸は編みくるんで編み進む
◆ 編み込み模様Aを編み終えたら今度は輪針に変えて編み込み模様Bを指定位置まで編む
◆ ヨークの部分はかぎ針に替え、編み込み模様Cを編む
◆ 肩をはぎ、衿ぐり、袖ぐりの縁編みを3/0号かぎ針で編む

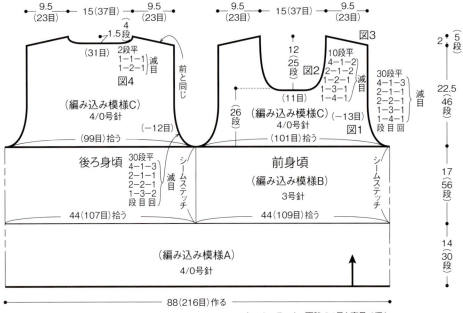

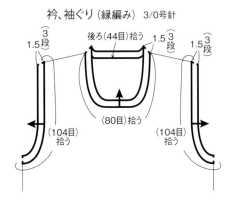

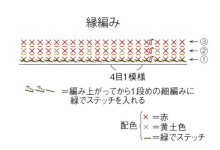

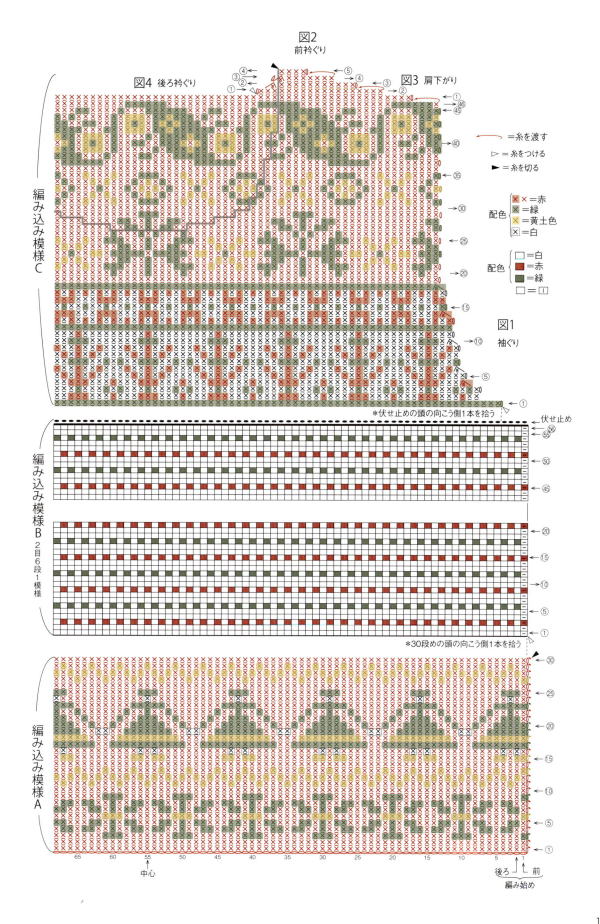

筋編み幾何学模様編み込み →p.64

＊材料
ハマナカ アメリ 黒(24) 210g グレー(10) 70g グリーン(34) 50g
ワインレッド(6) 40g 黄土色(41) 19g

＊用具
3/0号・5/0号かぎ針 5号輪針

＊ゲージ
22目×22段＝10cm

＊出来上がり寸法
胸囲:86cm 丈:49cm

＊作り方ポイント
- 身頃は5/0号針で細編みの筋編みの編み込みをたてに糸を渡す方法で編む
- 後身頃は模様を反転して編む
- 脇はすくいとじで、肩はすくいはぎで合わせる
- 縁編みは拾い目をしたら74ページを参照してコード編みにしてから黒とグリーンで1目ゴム編み縞を編み、コード編みを1段編んだら針にかかっている糸と同じ色の糸で3/0号針を使って引き抜き止めにする
- 裏から編む筋編みは76ページ参照

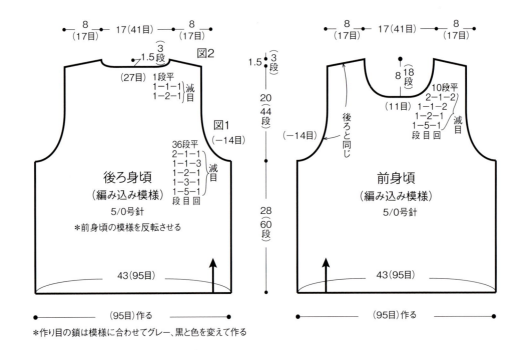

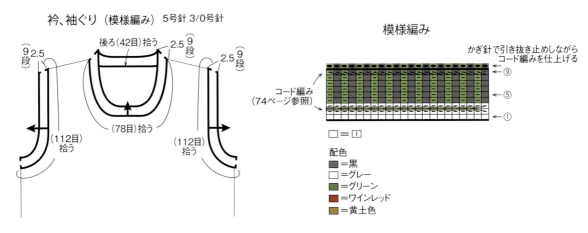

リング編みのロングマフラー →p.65

★材料
ハマナカ エクシードウールFL（合太） 黒(230) 500g
15mm径ボタン 2個

★用具
4/0号かぎ針　トリミング用に3/0号かぎ針

★出来上がり寸法
長さ：198cm

★作り方ポイント
- ポケット部分を輪に編んだら編み図に従って平らにリング編みにする
- リング編みは編みながら見える面の方ではなく裏側にできるので輪編みから平らに編む際には注意する
- 同じものを2枚編んで後ろ中心から47cmのところ（★の部分）からポケット口を細編みで1段整える
- 後ろ中心をはぎ合わせ、そこから左右47cm（◎の部分）をとじあわせる

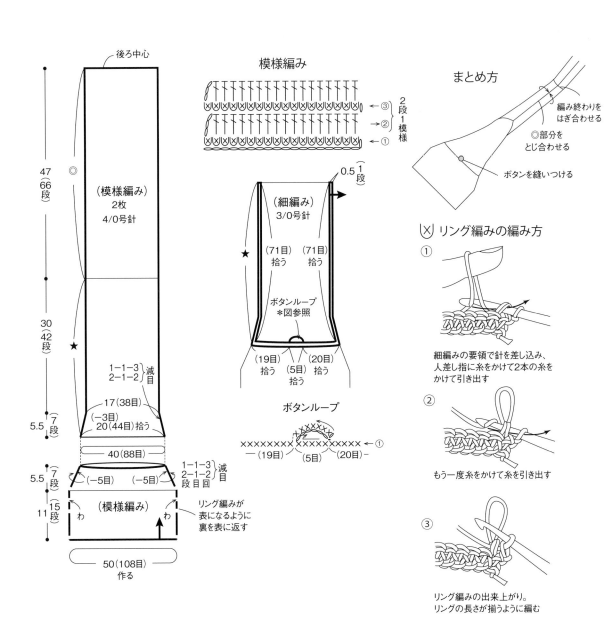

筋編みレッグウォーマー →p.63

*材料
ハマナカ エクシードウールFL(合太) 赤(210)・黒(230) 各80g

*用具
5/0号かぎ針

*ゲージ
25目×22段=10cm

*出来上がり寸法
長さ:33cm 足首周り:23cm ふくらはぎ周り:29cm

*作り方ポイント
◆筋編みの編み込みで輪に編む
◆最後の段では筋編みのねじり細編みと細編みの筋編みを交互に編みながら6目減らして仕上げる

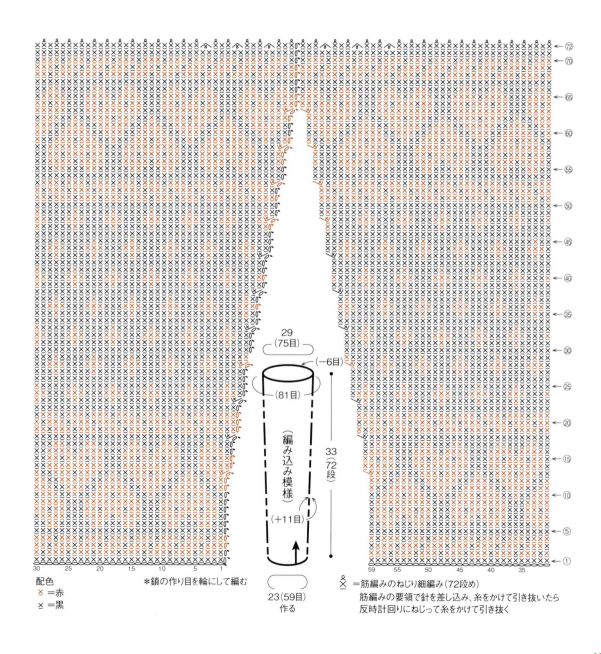

配色
× =赤
× =黒

*鎖の作り目を輪にして編む

⚭ =筋編みのねじり細編み(72段め)
筋編みの要領で針を差し込み、糸をかけて引き抜いたら
反時計回りにねじって糸をかけて引き抜く

筋編みミトン →p.66

*材料
ハマナカ エクシードウールFL 赤(210)・白(201) 各40g

*用具
3/0号かぎ針

*出来上がり寸法
長手のひら回り:20cm 丈:23cm

*作り方ポイント
◆ 親指位置では鎖目を7目編んで11目とばして模様編みを続けて編む
◆ 親指は編み目11目と鎖目7目を合わせて18目から22目を拾って編む

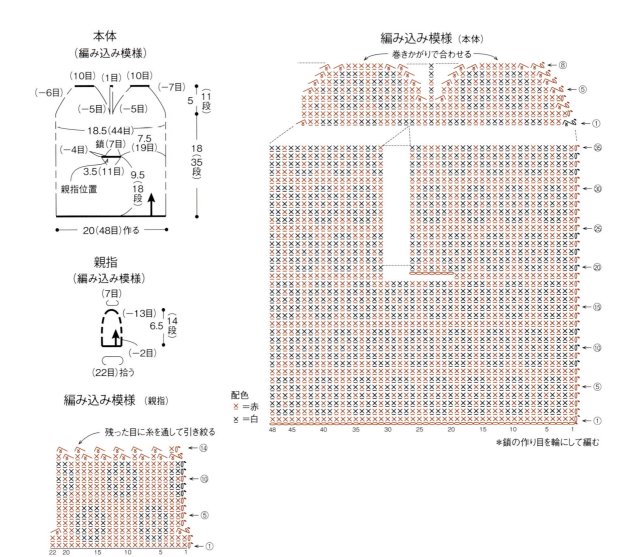

筋編みミトン →p.66

*材料
DARUMA 横田 やわらかラム　青(37)・水色(10) 各30g
*用具
3/0号かぎ針
*出来上がり寸法
長手のひら回り:20cm　丈:23cm
*作り方ポイント
◆ 親指位置では鎖目を8目編んで11目分とばして模様編みを続けて編む
◆ 親指は編み目11目と鎖目8目を合わせて19目から22目を拾って編む

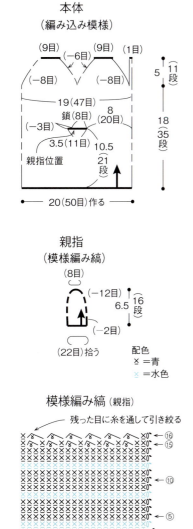
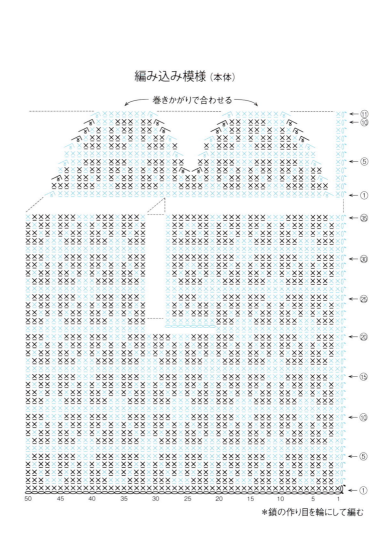

あとがき

　1960年代からニットデザイナーとして活躍して来た小瀬千枝さん。私は高校生のときから常にニット雑誌でお名前を目にして来ました。何人ものデザインが並ぶページの中でデザイナーの名前を確認するということは作品が素敵だからに他なりませんでした。シックな色使いと、クールなデザインが大好きでした。当時はどのような方なのか、どのようにニットを学ばれたのか知る由もありませんでした。しかし、遅まきながら私もニットの仕事をし始めて、2009年に「ノルディック・ニッティング・シンポジウム」の開催を頼まれた際に、迷うこと無く小瀬さんに講師をお願いしました。その後も2015年、2017年に開催したニットイヴェントでもクラスを持って頂きました。お名前しか知らなかった小瀬さんでしたが、これらのイヴェントを通してご本人からお話を伺う機会を持ち、そのチャレンジ精神や貴重な経験談などについてもっと色々なお話を伺いたいと思い、この本を企画しました。

　50年以上前の留学時代、英国や北欧で実際に触れた伝統ニットを、今の小瀬さんが新たな視点で見る、というテーマでデザインを考えて頂きました。伝統を生かしたデザイン、伝統を踏まえての全く新しいデザイン、と打ち合わせを重ねるたびに次々と作品が生まれました。伝統を大切にして、でもそれだけにとらわれない、小瀬さんの常に新しいことに挑戦する精神が大いに発揮されたと思います。

　留学から帰国後のニットデザイナーとしてのお仕事、いつも何かもっと面白いニットはないか考えたり、フットワーク軽く現地に出かけて学ぶ姿勢に、一人のニットファンとしてワクワクしながらお話を伺いました。それと共に各国のニットの歴史を調べる作業も楽しいことでした。編み針を動かしながら読者の皆様にも私が楽しんだ時間を共有して頂けたら幸いです。

林ことみ

● 博物館情報

★英国・アイルランド

クローマー博物館　Cromer Museum
https://www.museums.norfolk.gov.uk/cromer-museum

スコッテッシュ・フィッシャリーズ博物館　Scottish Fisheries Museum
http://www.scotfishmuseum.org/

アイルランド国立博物館 カントリーライフ館
National Museum of Ireland Country-Life
https://www.museum.ie/Country-Life/

★ノルウェー

ノルウェー民族博物館　Norsk Folkemuseum
https://norskfolkemuseum.no/

セテスダール博物館　Setesdalsmuseet・
ビグランド野外ミュージアム　Byglandtun
https://www.setesdalsmuseet.no/

アンネモア個人博物館
Annemor Sundbø private museum

セルブ村博物館　Selbu Bygdemuseum
https://www.selbu.kommune.no/enheter/bygdemuseum/Sider/default.aspx/

★スウェーデン

北方民族博物館 Nordiska Museet
https://www.nordiskamuseet.se/

ボーヒュース地方博物館 Bohusläns Museum
https://www.facebook.com/pages/Bohus-Museum/442652615800559/

スカンセン（野外博物館）Skansen
https://www.skansen.se/

ボロース テキスタイル博物館　Textile Museum of Boråsäns
https://visitsweden.com/textile-museum-sweden-boras/

★デンマーク

デンマーク国立博物館　National Museum of Denmark
https://en.natmus.dk/

ローランド・ファルスター博物館　Museum Lolland-Falster
https://www.museumlollandfalster.dk/

★フィンランド

オスロボスニア博物館　Ostrobothnia Museum

コルソナス野外ミュージアム　Korsnäs Hembygdsmuseum/

● 参考文献

Compton, Rae, *The Complete Book of Traditional Guernsey and Jersey Knitting*, Arco Publishing, Inc., New York, 1985.

Don, Sarah, *Fair Isle Knitting*, St.Martin's Press, New York, 1979.

Fanatrøyer, Eida Forlag AS, Bregen, 2015.

Luutonen, Marketta, Bäckman, Ann-Maija, and Bäckman, Gunnar, *Färg och flärd med virkat; Koreaa virkkaamalla*, Decorative crocheting, Österbottens hantverk rf, Vaasa, 2003.

MacGregor, Sheila, *Traditional Scandinavian Knitting*, Dover Publications, Inc., New York, 2004.

MacGregor, Sheila, *Traditional Fair Isle Knittinf*, Dover Publications, Inc., 2003.

Rutt, Richard, *A History of Hand Knitting*, B.T. Batsford Ltd, London, 1987.

Pagoldh, Susanne, *Nordic Knitting Thirty-one Patterns in the Scandinavian Tradition* (translated by Carol Huebsher Rhoades), A&C Black (Publishers) Limited, London, 1992.

Palmsköld, Anneli, "Knitting for Income in Halland, Sweden", *Piece Work*, January/February 2010, pp.32-33.

Pearson, Michael, *Micher Pearson'sTraditional Knitting; Aran, Fair Isle & Fisher Ganseys*, New & Expanded Edition, Dover Publications, Inc., New York, 2015.

Rhoades, Carol Huebsher, "Binge: Industrious Knitting in South Sweden", *Piece Work*, Interweave, Spring 2014, pp. 64-67.

Shea, Terri, *Selbuvotter: Biography of a Knitting Tradition*, Spiningwheel LLC, Seattle, 2007.

Sundbø, Annemor, *Everyday Knitting: Treasures from a Ragpile*, Trridal Tweed, Kristiansand, 2001.

Sundbø, Annemor, *The Lice Patterned Sweater from Setesdal: Setesdal Sweaters in the History of Knitting*, Høyskoleforlaget AS - Norwegian Acadernic Press, Kristiansand, 2000.

Thompson, Gladys, *Patterns for Guernseys, Jerseys & Arans*, Dover Publications, Inc., New York 1979.

伊藤ユキ子『紀行・アラン島のセーター』晶文社、東京、1993年。
とみたのり子『海の男たちのセーター：英国伝統ニットの旅』日本ヴォーグ社、東京、1989年。

野沢弥市朗『アイルランド／アランセーターの伝説』繊研新聞社、東京、2002年。

小瀬千枝 こせちえ
東京生まれ。(社)日本編物協会理事。ニットを中心にハンドクラフトを学んだ後、研究のためローマに留学。その間にイギリスや北欧各地を訪ねて現地のニットに触れる機会を得て、以来ライフワークとなる。アトリエ「ハンドニット コセ」を主宰。著書に『小瀬千枝のニットパターンワールド500』(文化出版局刊)等。

林ことみ はやしことみ
子供の頃から刺しゅうやニットに親しみ、子供が生まれたことをきっかけに雑誌で子供服のデザインを発表。その後手作り子供服雑誌の副編集長をつとめ、フリー編集者となってからはハンドクラフト本の企画編集やニットイヴェントをオーガナイズしている。著書に『手仕事礼讃』(誠文堂新光社刊)等。

ブックデザイン　縄田智子　L'espace
撮影　松本のりこ
スタイリスト　池水陽子
モデル　石坂香枝　鈴川明子　中嶋孝好　中嶋紗良
トレース　西田千尋(fève et fève)
編集　林ことみ

撮影協力　清里清泉寮　山梨県北杜市高根町清里3545
編集協力　青木久美子　小林孝子　藤原直子　ユキ・パリス
　　　　　Annemor Sundbø　Inger Nielsen　Vivian Høxbro

素材・用具提供
ておりや
〒530-0041 大阪市北区天神橋 2-5-34 TEL 06-6353-1649
イサガージャパン株式会社
〒251-0031 神奈川県藤沢市鵠沼藤が谷 2-8-15 TEL 0466-47-9535
株式会社 ダイドーインターナショナル パピー事業部
〒101-8619 東京都千代田区外神田 3-1-16 TEL 03-3257-7135
ハマナカ株式会社
〒616-8585 京都市右京区花園藪ノ下町 2-3 TE .075-463-5151
恵糸や
〒229-0231 神奈川県相模原市中央区相模原 8-3-10
相模原チュリス105 TEL 042-769-6335
横田株式会社
〒541-0058 大阪市中央区南久宝寺町 2-5-14 TEL 06-6251-2183
クローバー株式会社
〒537-0025 大阪市東成区中道 3-15-5 TEL 06-6978-2211
チューリップ株式会社
〒733-0002 広島市西区楠木町 4-19-8 TEL 082-283-1144

北欧・英国 旅で見つけたパターンコレクション
小瀬千枝の伝統ニット

2019年10月19日　発　行　　　　NDC594

著　者　小瀬千枝
発行者　小川雄一
発行所　株式会社 誠文堂新光社
　　　　〒113-0033 東京都文京区本郷 3-3-11
　　　　(編集)TEL 03-5805-7285
　　　　(販売)TEL 03-5800-5780
　　　　http://www.seibundo-shinkosha.net/
印刷・製本　図書印刷 株式会社
©2019, Chie Kose, Kotomi Hayashi.
Printed in Japan

検印省略
禁・無断転載

落丁・乱丁本はお取り替え致します。

本書のコピー、スキャン、デジタル化等の無断複製は、著作権法上での例外を除き、禁じられています。本書を代行業者等の第三者に依頼してスキャンやデジタル化することは、たとえ個人や家庭内での利用であっても著作権法上認められません。

JCOPY 〈(一社)出版者著作権管理機構 委託出版物〉
本書を無断で複製複写(コピー)することは、著作権法上での例外を除き、禁じられています。本書をコピーされる場合は、そのつど事前に、(一社)出版者著作権管理機構(TEL 03-5244-5088／FAX 03-5244-5089／e-mail:info@jcopy.or.jp)の許諾を得てください。
ISBN978-4-416-61977-3